KB260477

습관은 실천할 때 완성됩니다.

"입시는 정보 싸움이 아니라, 불안을 관리하고 계획을 세우는 싸움입니다."
이 책은 급변하는 입시 환경 속에서 현 중3 학생들이 어떤 고등학교를 선택하고, 어떻게 3년을 설계해야 할지 가장 명확한 가이드라인을 제시합니다. 이 시기에는 공부 스트레스를 다스리는 습관, 성적이 조금씩이라도 '우상향'하는 습관을 만들고 지켜 나가는 것이 중요합니다. 부모는 아이의 작은 성적 변화에 일희일비하기보다, 3년이라는 긴 레이스를 함께 완주할 든든한 '페이스메이커'가 되어야 합니다. 아이가 겪는 힘든 상황을 어떻게 슬기롭게 넘기며 대화할 수 있는지, 그리고 부모로서 입시 정보 외에 어떤 '생활 가이드'를 주어야 하는지를 구체적으로 짚어보았습니다.

"적당히 원하면 핑계가 생기고, 간절히 원하면 방법이 생긴다."라는 말이 있습니다. 고등학교 생활에서 간절히 원하는 무엇인가를 정하고, 이를 향해 나아가는 길에 많은 도움이 되는 책이라고 생각됩니다.

— 정현호(현대청운고등학교 교사)

중학생과 학부모님들을 위한 최고의 안내서!!! 이렇게 구체적이고 자세하게 고등학교 선택과 대입 준비에 대해 설명한 책은 없었던 것 같다. 고등학교에 근무하고 있는 선생님들이 읽어도 진로, 진학의 기본적 내용을 이해하는 데 상당히 많은 도움이 될 것 같다.

— 박영출(지리산고등학교 교장)

학교생활에 대한 적실성이 매우 훌륭한 내용들로 이루어져 있다. 특히 오랜 기간의 교직 경험에서 비롯된 뛰어난 안목으로 변화된 입시 제도에 대한 분석은 누구도 토를 달지 못할 것 같다. 최근 고등학교를 졸업한 생생한 경험에 비추어 보건대, 이는 분명 고교 생활에 대한 알파와 오메가를 담은 비법서라 할 수 있다.

— 김재겸(서울대학교 철학전공 재학생)

수많은 상담과 교실에서 반복되던 질문들. 그 질문에 수없이 답해 온 교사의 언어로 고등학교 3년을 풀어낸 책.

— 박승현(연세대학교 IT융합공학과 재학생)

중학생에서 고등학생이 된다는 것, 중학생 학부모에서 고등학생 학부모가 된다는 것에 대한 두려움과 궁금증이 있다면 이 책이 하나의 지침이 되어줄 것입니다. 또한 교사로서 치열한 삶을 사는 이승우 선생님의 생생한 경험담은 자녀와의 거리를 좁히고 함께 소통할 수 있는 계기를 마련해 줄 것입니다.

– 임지현(인천포스코고등학교 교사)

고교 진학과 입시를 둘러싼 정보의 홍수 속에서, 이승우 선생님의 경험은 가장 현실적인 나침반이 될 것 같습니다. 제가 고등학교에 입학하기 전에 이 책을 만났더라면 제 학창 시절이 조금은 덜 불안하지 않았을까 싶어요. 특히 '자녀에게 이렇게 말해주세요' 대목은 제 입장에서 엄마 아빠로부터 진심으로 듣고 싶었던 말들이라 공감이 많이 되었어요. 부모와 학생이 함께 읽으며 고등학교 생활을 차분히 준비하기에 더없이 적절한 책입니다.

– 하소형(서울대학교 서양사학과 졸업생)

이보다 친절하고 명쾌한 고등학교 실전 안내서는 없다. 막내인 중3 아들과 아내에게 반드시 추천하고 읽히고 싶은 책!!! 중학교와 고등학교를 모두 경험한 진학 교사의 통찰이 돋보인다.

– 김우진(전국진학지도협의회 수석대표, 보문고등학교 교사)

"우리 아이, 지금 잘 가고 있는 걸까." 오랫동안 국어 교사로서 현장을 함께 고민해 온 동료의 시선에서 보아도, 이 책은 그 질문에 불안을 키우지 않고 방향을 제시하는 책이다. 고등학교 생활과 입시를 둘러싼 복잡한 구조를 현장 교사가 가장 정확한 언어로 풀어낸 안내서이자, 입시 정보를 넘어 부모와 아이가 함께 읽으며 대화를 시작하게 만드는 책이다. 아이의 '선택'이 '성장'이 되도록 이끄는 이 책을 고등학교 입학을 앞둔 부모에게 가장 먼저 권하고 싶다.

– 문애란(군산제일고등학교 교사)

대학 입시가 막연히 불안하게만 느껴지는 예비 고등학생과 학부모시라면 이 책을 읽고 큰 흐름을 잡아가시길 권합니다. 학생들을 향한 이승우 선생님의 따뜻한 마음과 변화하는 입시 트렌드를 꿰뚫는 냉철한 분석력은 고등학교 생활 전반의 좋은 길잡이가 되어줄 것입니다.

– 김민규(대구한의대학교 한의학과 재학생)

고교 생활과 입시 전반에 관한 체계적인 분석이 돋보인다. 급변하는 입시 제도 속에서 혼란을 겪는 이들에게 유용한 지침서가 될 것이다. 그러나 이 책은 보통의 설명서가 아니다. 손 편지처럼 섬세하다. 고등학교라는 치열한 시스템 안에서 3년간 울고 웃으며 성장할 아이들의 영혼까지 고려한 특별한 정보서다. 이승우 선생님만의 능력이다. 추억 속 선생님은 고슴도치 같았다. 날카로운 분석력과 유능함 속에 다정한 진심을 가지고 계셨다. 고교 입학을 앞둔 모든 학생, 학부모님께 이 책을 자신 있게 권한다.

– 김결(서울대학교 식물생산과학부 재학생)

고등학교 3년은 아이가 삶의 주인으로 우뚝 서는 소중한 성장의 시간이며, 부모님의 따뜻한 확신은 아이가 거친 파도를 넘어 자기만의 항로를 찾게 하는 든든한 돛대이자 기분 좋은 바람이 됩니다. 변화된 입시 환경에 맞춘 명쾌한 전략은 물론 자녀의 마음을 여는 세밀한 소통법까지 촘촘히 담아낸 이 책은 부모와 아이가 길을 잃지 않고 함께 나아가도록 돕는 가장 믿음직한 나침반이 되어줄 것입니다.

– 노현진(경북교육청 수석교사, 인동고등학교 교사)

타지에서 홀로 고등학교 생활을 버티던 제게, 아버지 같은 선생님이 계셨다는 것은 큰 행운이었습니다. 선생님께서는 저를 성적이라는 숫자가 아니라, 제가 써 내려간 글과 마음으로 바라봐 주신 분입니다. 늘 길을 헤매는 이에게 먼저 손을 내미시는 선생님의 마음이 이 책을 통해 더 많은 분에게 전해지기를 바랍니다.

- 진다연(강동 경희대한방병원 수련의)

제 인생 처음이자 마지막이었던 고교 시절이 누구보다 행복하고 눈부시길 바라셨던 선생님의 마음이 고스란히 묻어나는 책입니다. 세세한 입시 정보부터 학업과 관계, 그리고 일상을 아우르는 조언까지, 오랜 교직 경험에서 우러난 이야기들이 그 시절의 저를 도왔듯 더 많은 이들에게 든든한 길잡이가 되어주리라 기대합니다. 스스로의 길을 찾아 새로운 출발선에 선 학생들과, 그 여정을 함께할 부모님께 이 책을 권하고 싶습니다.

- 이예원(연세대학교 건축공학과 졸업생)

막막한 고등학교 과정에 한 줄기 빛이 되는 안내서입니다. 인생에 연습은 없으니 이 책을 통해 시행착오 없이 대입까지 직행하세요~!!

- 이도용(보문고등학교 교사, 교육과정연구회 연구위원)

중학생이 고등학생으로 성장하게 하는 거름이 되는 책이다. 읽고 나면 나만 그런 게 아니었구나! 위로가 되고 어느새 성장한 너의 모습에 놀랄 것이다.

- 이시호(정화여자고등학교 교사)

고등학생이 된 뒤, 달라진 환경과 수업에 적응하느라 1년을 헤맸던 기억이 있습니다. 그때 이 책이 있었더라면 헤매던 저에게 좋은 길잡이가 돼주었을 것 같아 괜히 아쉬움이 들기도 합니다. 교육에 늘 진심인 선생님의 정확한 정보와 따뜻한 조언이 담겨 있으니, 저처럼 여러 걱정에 헤매고 있는 모든 학생과 학부모님께, 이 책을 꼭 권하고 싶습니다.

– 최지혜(포항제철고등학교 졸업생, SK하이닉스 재직)

3년이라는 고등학교 생활은 부모와 자녀가 함께 헤쳐 나가야 하는 시간입니다. 우리 자녀가 그 길을 홀로 힘겹게 걸어가게 하지 않으려면 학부모도 제대로 알아야 합니다. 아는 만큼 이해할 수 있고, 그 토대 위에서 자녀를 향한 진심 어린 격려와 위로가 나올 수 있습니다. 이 책은 그렇게 자녀와 동지가 되기를 꿈꾸는 모든 학부모에게 꼭 필요한 최적의 지침서가 될 것입니다.

– 김환(백영고등학교 교사)

"입시 전문 자사고 교사가 알려주는 고교 생활 완전 정복!" 치열했던 고등학교 시절, 기댈 곳이 필요했던 나에게 '선 조언, 후 위로'를 건네주시던 선생님은 단순한 위안이 아닌 구체적인 대안과 방안을 제시해주시는 '이상적 현실주의자'였다. 이 책은 선생님의 이상적이면서도 현실적인 시선으로 대한민국의 고교 학습과 입시를 담아냈다. 막연한 불안 속에서 위로보다 명확한 방향이 필요한 학생과 학부모들에게, 이상과 현실을 균형 있게 짚어주는 든든한 고교 생활 길잡이가 되어줄 책이다.

– 김규희(제주대학교 수의학과 재학생)

고등학교 선택부터 ⟶ 대입 준비까지

중3을 위한 고등학교 사용설명서

이승우 지음

좋은습관연구소

머리글

고등학생 시절은 인생에서 가장 치열하고도 중요한 시기입니다. 매일 아침 일찍 등교해서 밤늦게까지 학교에 머물고, 친구들과 웃고 울며, 선생님과 상담하며 하루하루를 보냅니다. 단지 대학 입시를 위한 준비 기간을 넘어, 한 사람의 어른으로 성장해 가는 시간입니다.

하지만 부모님 입장에서는 이 시기가 그리 단순하지만은 않습니다. 특히 첫 자녀가 고등학교에 들어가는 것이라면 모든 것이 낯설게 다가옵니다. 학교에서 쓰는 용어조차 익숙하지 않습니다. 입시 설명회가 끝나면 처음 듣는 용어가 많아 무슨 이야기인지 잘 모르겠다고 하시는 부모님도 많습니다.

자녀의 학교생활을 도와주고 싶지만, 어디서부터 어떻게 시작해야 할지 막막하다는 말씀도 자주 하십니다. 아이의 학교생활을 돕는 방법을 누가 좀 가르쳐 줬으면 좋겠다는 말씀도 많이 하십니다.

"내 아이가 학교에서 잘 지내고 있는 걸까?" "지금 이 선택이 아이의 미래에 도움이 될까?" 같은 질문은 모든 부모님의 공통된 마음입니다. 이 책은 바로 이 질문에서 출발합니다. 고등학교와 중학교 현장에서 학부모님들께 가장 많이 받았던 물음을 정리하고, 상담 자리에서 다 하지 못했던 이야기를 담았습니다.

이 책은 학부모님을 위한 책이지만, 동시에 자녀와 함께 읽을 수 있는 책이기도 합니다. 부모님이 자녀의 고등학교 생활을 모두 관리해야 한다는 의미는 아닙니다. 부모님이 먼저 읽고 이해한 뒤 자녀와 함께 책 속의 이야기를 나누다 보면, 아이는 부모의 마음을 이해하고, 부모는 자연스럽게 아이의 생각을 들을 수 있다는 것입니다. 이 과정은 단순히 대학 입시를 준비하는 것을 넘어 자녀가 좋은 어른이 되도록 돕는 시간이 될 것입니다.

아이의 학교생활과 입시를 돕기 위해서는 부모님이 먼저 알고 준비하는 것이 필요합니다. 이 책이 학부모님께는 든든한 안내서가 되고, 자녀와 함께 대화할 수 있는 다리가 되었

으면 합니다. 그래서 우리 아이의 고등학교 생활이 조금 더
의미 있고, 조금 더 행복한 시간이 되기를 간절히 바랍니다.

중3, 입시의 출발선에 서다
― 지금 반드시 알아야 할 입시 구조와 준비 전략

2022 개정 교육과정의 도입, 2028 대입 개편안 등으로 지금 중3 학생들은 이전 세대와 다른 입시 환경 속에서 고등학교 진학을 준비하게 됩니다. 과거에는 학생 개인의 역량이 고등학교보다 중요했습니다. 대학 진학에서 중요한 것은 학생 개인의 내신과 수능 성적이었습니다. 그러나 최근 교육 정책과 입시 구조의 변화 속에서 어떤 고등학교에 진학하는지 자체가 대학 입시 전략의 시작이 되었습니다. 이제 학생 개인의 역량만큼 학교의 역량이 중요해졌습니다.

특히 고교학점제의 확대는 학생들이 고등학교에서 선택할 수 있는 과목의 폭을 넓히고, 진로 중심 교육을 강화하는 방향으로 변화하고 있습니다. 이는 단순히 성적을 잘 받는 것만으로는 충분하지 않으며, 자신의 진로에 맞는 과목을 어떻게 선택하고 학습 경로를 설계하느냐가 중요해졌음을 의미합니다. 따라서 중3 시기는 단순한 고입 준비 단계가 아니라, 장기적인 학습 방향을 설계하고, 입시를 향한 첫 출발점이라고 할 수 있습니다.

고등학교 선택, 이제는 전략이다

과거에는 많은 학생들이 "성적에 맞춰" 혹은 "내신 따기가 쉬운" 고등학교를 선택하는 경우가 많았습니다. 하지만 최근 입시 흐름에서는 학교마다 갖고 있는 교육과정, 과목 개설 수준, 진로 프로그램, 진학 실적 등이 매우 중요한 판단 요소가 되고 있습니다.

일반고, 자율형사립고, 외국어고, 국제고, 마이스터고, 특성화고 등 다양한 유형의 고등학교는 각각 교육 방향과 목표가 다릅니다. 일반고는 가장 많은 학생이 선택하는 형태이며 내신 성적이 가장 중요한 요소입니다. 자사고나 외고, 국제고는 특정 분야에 대한 집중적인 교육과 다양한 프로그램을 제공하는 대신 선발 과정이 비교적 까다롭습니다. 반면 마이스터고나 특성화고는 취업 중심 교육을 통해 빠르게 사회 진출을 준비할 수 있다는 장점을 갖고 있습니다.

입시와 관련해서 수시 중심인지, 정시 가능성까지 열어둘 것인지를 중3 때 계획을 세워야 고등학교를 선택할 수 있습니다. 그에 따라 고등학교 선택의 기준이 달라질 수도 있기 때문입니다. 요약하면 "수행평가·활동 중심 학교 → 수시 유리" "시험 중심·학업 집중 분위기 → 정시 병행 가능"이 됩니다.

나아가 학생과 학부모는 단순히 학교의 이름이나 주변 평가에 의존하기보다, 실제로 어떤 과목이 개설되어 있는지, 진로 탐색 기회는 충분한지, 대학 진학 결과가 어떤 흐름을 보이는지 등을 종합적으로 확인해야 합니다. 고등학교 선택은 더 이상 단순한 입학 문제가 아니라, 향후 대학 입시 전략의 중요한 기초가 됩니다.

내신 관리의 의미도 달라지고 있다

내신 관리의 의미가 달라집니다. 고등학교에서는 단순히 시험 점수만으로 평가되는 것이 아니라, 수행평가, 프로젝트 활동, 수업 참여 태도 등 다양한 요소가 성적에 반영됩니다.

특히 수행평가는 꾸준한 준비와 성실한 참여가 필요하며, 수행평가의 감점을 정기고사(중간·기말 지필 시험) 한 번으로 만회하기 어려운 경우도 많습니다. 따라서 시험 직전 단기 집중 공부만으로는 안정적인 성적을 유지하기 어렵고, 학기 전반에 걸친 계획적인 학습 계획과 이를 실천할 습관이 필요합

     중3, 입시의 출발선에 서다

니다.

생활기록부와 진로 방향의 중요성

최근 입시에서는 학생의 학업 성취뿐 아니라 학습 태도와 활동 과정도 중요하게 평가됩니다. 고등학교 생활기록부는 학생의 진로 관심과 성장 과정을 보여 주는 자료로 활용되고, 특히 면접이나 자기소개서가 포함되는 전형에서는 더욱 중요하게 활용됩니다.

따라서 고등학교 생활을 하는 동안 단순히 여러가지 활동의 양을 늘리기보다, 자신의 관심 분야를 찾고 관련된 경험을 꾸준히 쌓고 그 흐름을 유지하는 것이 필요합니다. 예를 들어, 관심 분야와 관련한 독서, 발표 활동, 프로젝트 참여 등을 통해 자연스럽게 관심사를 드러내는 것이 도움이 됩니다.

"과학 주제에 대한 관심 → 탐구 보고서 → 관련 독서 → 발표 경험", "경제 주제에 대한 관심 → 시사 기사 분석 → 토론 활동 → 독서 기록"처럼 자신의 학습 방향을 하나의 이야기로 연결하는 과정이 필요합니다.

진로를 완벽하게 확정할 필요는 없지만, 최소한 어떤 분야에 관심이 있는지에 대한 방향성은 가질 필요가 있습니다. 고교학점제 환경에서는 이러한 방향성이 과목 선택과 학습 계획에 직접적인 영향을 미치기 때문입니다.

설명회와 정보 탐색, 현실적인 준비의 시작

많은 학생과 학부모가 간과하는 부분 중 하나는 실제 학교 설명회나 입시 정보를 적극적으로 탐색하지 않는다는 것입니다. 학교 설명회는 교육과정, 학교 분위기, 진학 데이터 등을 직접 확인할 수 있는 중요한 기회가 됩니다. 인터넷 정보만으로는 알기 어려운 실제 학교 운영 방식이나 학생들의 학습 환경을 이해하는 데 큰 도움이 됩니다.

중3 시기에는 최소한 관심 있는 고등학교 몇 곳을 선정하고, 각 학교의 교육 특징과 입학 전형을 비교해 보는 것이 필요합니다. 이는 단순히 정보 수집 정도를 넘어, 학생에게 맞는 학습 환경을 찾는 과정이기도 합니다.

학교별 대학 진학 데이터도 반드시 확인해야 합니다. 어떤 대학에 많이 가는지 수시/정시 비율은 어떻게 되는지, 특정 학과 강세 여부가 있는지 등을 체크할 필요가 있습니다. 이는 학교의 실제 교육 방향을 보여주는 자료에 해당합니다.

　　　　　　　　　　

상위권 아이들은 첫 시험을 가장 중요하게

입시 상담 현장에서 반복적으로 발견되는 특징 중 하나는, 상위권 학생들이 고등학교 첫 중간고사를 매우 전략적으로 준비한다는 점입니다.

이유는 단순합니다. 첫 시험 결과가 이후 학습 자신감에 큰 영향을 미치고, 교사의 평가 인식이 초기에 형성되는 경우가 많기 때문입니다. 학생 본인도 자신의 위치를 객관적으로 파악할 수 있는 계기가 됩니다.

그래서 상위권 학생들의 경우, 고등학교 입학 전에 수학 선행 개념 정리, 영어 독해 루틴 확보, 국어 비문학 읽기 습관 등을 미리 준비해 '첫 성적'을 안정적으로 만듭니다.

다만, 이는 상위권 아이들에게 특화된 내용으로 중하위권 학생의 경우 선행 학습보다는 고등학교의 변화된 공부에 대응하는 기초 학습에 충실하는 것이 좋습니다.

2028 대입 개편안에 따른 필승 전략 가이드

2026년 기준 중학교 3학년은 2022 개정 교육과정과 2028 대입 개편안이 동시 적용됩니다. 이제 입시는 단순히 '공부 양'의 문제가 아니라, 중3 시기에 얼마나 정교하게 '학습 경로'를 설계하느냐에 달려 있습니다.

1. 변화된 입시 환경의 3대 핵심 키워드

- 고교학점제 전면 시행: "학습자에서 설계자로"
  - 대학생처럼 본인이 과목을 선택하고 192학점을 이수해야 졸업이 가능합니다.
  - 핵심: 단순히 성적이 좋은 학생보다 '자신의 전공 방향에 맞춰 어떤 과목을 이수했는가'가 입시의 결정적 지표가 됩니다. 중3 때 진로 방향이 없으면 고1 과목 선택부터 길을 잃게 됩니다.
- 내신 5등급제 전환: "등급보다 기록이 무기"
  - 1등급 범위가 4%에서 10%로 확대되어 좋은 등급을 받는 것은 수월해졌지만, 그만큼 내신 변별력은 하락했습니다.
  - 핵심: 대학은 이제 등급 숫자 너머의 '학교생활기록부(학생부, 생기부)'를 봅니다. 어떤 심화 과목을 들었는지, 수업 중 어떤 탐구를 했는지가 합격의 열쇠가 됩니다.
- 통합형 수능: "문·이과 경계가 사라진 융합형 인재"
  - 국어, 수학, 탐구(사회/과학)에서 선택과목이 사라지고 모든 학생이 동일한 시험을 봅니다.
  - 핵심: 모든 학생이 통합사회와 통합과학을 치러야 하므로, 중학교 때 사회·과학의 기초 개념을 탄탄히 다져놓지 않으면, 수능 대비가 불가능합니다.

2. 고등학교 선택, 이제는 가장 중요한 '전략'이다

과거에는 '좋은 내신 받기 쉬운 학교'가 최고였으나, 이제는 학교의 역량이 곧 나의 역량이 됩니다.

• 학교 유형별 특징 파악

 - 일반고: 가장 보편적이며 내신 관리가 중심이 되는 환경

 - 특목·자사고: 심화 교육과정 및 다양한 탐구 프로그램을 제공하지만 선발 과정과 경쟁이 치열함

 - 특성화·마이스터고: 빠른 사회 진출과 전문 기술 습득에 최적화

• 전략적 선택 기준

 - 수시 중심: 수행평가와 창의적 활동이 활발한 학교 → 탐구형 학생 추천

 - 정시 병행: 학업 집중 분위기가 강하고 수능 대비 커리큘럼이 좋은 학교 → 문제풀이 강자 추천

 - 직접 확인: 인터넷 정보에만 의존하지 말고, 반드시 학교 설명회에 참석해 실제 개설 과목과 최근 진학 데이터(수시/정시 비율 등)를 확인해야 합니다.

3. 중3 시기, 반드시 실천해야 할 3가지 액션 플랜

• 생활기록부의 '스토리텔링' 연습

 - 활동의 양보다 방향성이 중요합니다. 중3 활동을 하나의 이야기로 연결해 보세요.

 - 과학 관심 → 탐구 보고서 작성 → 관련 도서 탐독 → 교내 발표 경험

 - 경제 관심 → 시사 기사 분석 → 토론 활동 참여 → 독서 기록으로 확장

• 상위권의 비밀, '첫 시험'에 올인하라

 - 입시 현장에서 상위권 아이들이 가장 공을 들이는 것은 고1 첫 중간

고사입니다. 중3 겨울방학을 잘 보내는 것이 중요합니다.

- 이유: 첫 성적이 3년의 자신감을 결정하고, 교사들에게 '우수 학생'이라는 첫인상을 심어줍니다.
- 준비: 겨울방학까지 수학 선행 개념, 영어 독해 루틴, 국어 비문학 읽기 습관을 반드시 완성해야 합니다. (단, 중하위권은 선행보다 기초 학습 체력 강화에 집중)

• 문해력, 입시의 근본 체력
- 통합형 수능과 서술형 평가의 확대는 결국 '읽고 쓰는 능력'의 싸움입니다. 중3 시절부터 충분한 연습과 훈련을 해 두는 것이 좋습니다.
- 비문학 독서를 통해 논리적 사고력을 기르는 것이 수능 공부의 실질적인 시작입니다.

목차

2부. 고등학교 생활과 공부법

3부. 고등학교 평가 시스템 이해

1부

고등학교
선택
잘하기

중학교와 고등학교,
가장 큰 차이는 무엇일까요?

중학교 1학년에서 2학년으로, 2학년에서 3학년으로 올라가는 과정은 생활이나 태도에서 큰 변화가 일어나지 않습니다. 그러나 중학교 3학년에서 고등학교 1학년으로의 진학은 학습 환경, 평가 방식, 학교생활 등에서 크게 달라집니다. 학부모와 학생 모두 이를 충분히 이해하고 준비하는 것이 필요합니다.

중학교에서의 공부는 기본 개념을 익히고 학습 습관을 형성하는 과정이라고 할 수 있습니다. 반면 고등학교에서는 중학교에서 배운 기초 위에 논리적 사고력과 응용력을 요구하는 심화 학습이 본격적으로 이루어집니다.

학습 속도도 크게 달라집니다. 중학교에서는 교과 내용을 비교적 천천히 반복해서 다루지만, 고등학교에서는 한 단원의 분량이 많고 진도도 빠르게 진행됩니다. 따라서 수업 시간만으로는 내용을 충분히 소화하기 어려워, 예습과 복습의 균형 잡힌 학습 습관이 필수입니다.

예를 들어, 중학교 수학이 개념을 확인하는 수준이었다면 고등학교 수학은 그 개념을 활용해 새로운 문제 상황을 해결해야 합니다. 국어 또한 단순히 글을 이해하는 수준을 넘어,

     1부 | 고등학교 선택 잘하기

작품 속 맥락과 사회적 배경을 연결하며 해석하는 단계로 발전해야 합니다. 한마디로 낯선 개념과 정보가 빠르게 제시되므로, 학습의 깊이와 속도 모두에서 큰 변화를 느끼게 됩니다.

중학교에서는 절대평가(성취평가제)가 적용되어, 일정 점수 이상을 얻으면 누구나 A, B, C 등급을 받습니다. 90점 이상은 A, 80점 이상은 B가 되는 방식입니다. 그리고 학교에 따라서는 A 비중이 높은 학교도 있습니다. 하지만 고등학교에서는 내신 성적이 상대평가(등급제)로 전환됩니다. 수업을 듣는 학생들 사이에서 나의 상대적 위치가 성적의 기준이 됩니다.

"우리 아이가 중학교 때는 A를 받았는데 고등학교에 가니 등급이 잘 나오지 않는다." 이렇게 말씀하시며 상담을 청하는 경우가 있습니다. 이것은 아이가 고등학교에 입학한 후에 갑자기 노력을 안 한 것이 아니라, 평가 체계가 달라진 결과 때문일 수 있습니다.

고등학교는 크게 일반계 고등학교(일반고, 자율고, 특목고 등)와 직업계 고등학교(마이스터고, 특성화고)로 구분합니다. 일반계 고등학교 학생들은 수업과 함께 자율·자치 활동, 진로 활동, 동아리 활동 등 모든 활동이 학교생활기록부(학생이나 부모님에게는 '생기부'가 익숙한데 표준국어대사전에서는 '학생부'로 제시하고 있습니다)에 기록됩니다. 이 기록은 대학 입시 전형에서 매우 중요한 자료로 활용됩니다. 직업계 고등학교는 성적과 학교 활동, 취득한 자격증이 취업이나 후학습(전문대학 진학 등)에서 중요한 평가 요소로 작용합니다. 따라서 고등학교 생활은 단순히 학교에 다니는 과정이 아니라, 미래 진로를 위한 포트폴리오를 만들어 가는 과정이라고 볼 수 있습니다.

중학교에서는 부모님과 담임교사가 많은 부분을 챙겨 주지만, 고등학교에서는 학생 스스로 계획하고 실천하는 일이 훨씬 중요해집니다. 어떤 동아리에 들어갈지, 시험공부 일정을 어떻게 짤지 등 학생이 주도적으로 선택하고 책임져야 합니다.

학부모님은 아이가 낯선 환경에 잘 적응할 수 있도록 이러한 차이를 정확히 이해하고, 곁에서 도와주시는 것이 필요합니다.

자녀에게 이렇게 말해 주세요

"고등학교 공부는 중학교보다 훨씬 빠르고 깊게 나아가니까, 매일 조금씩 꾸준히 공부하는 습관을 잡는 게 중요해. 모르는 부분은 그냥 넘어가지 말고 바로 정리해야 해."

"고등학교에서 하는 활동 하나하나가 대학 입시나 취업 준비에 도움이 돼. 동아리 활동, 봉사, 자격증 같은 것을 대충 하지 말고 의미 있게 참여해 두는 게 좋아."

고등학교 선택의 기준은
무엇일까요?

최근에는 학교 단위로 진행되는 고등학교 입학설명회가 많아졌습니다. 학교에서는 학교의 교육과정, 졸업 이후 진로 현황 등을 친절하게 안내합니다. 그러나 학부모님들이 가장 먼저 부딪히는 질문은 결국 "우리 아이가 어떤 고등학교에 가는 것이 좋을까?" 입니다.

1)과학고(영재학교)

수학·과학에 뛰어난 역량을 갖춘 학생에게 추천하는 학교입니다. 과학고는 수학·과학 중심의 내신 성적을 중시하며, 자기소개서와 면접을 통해 학생을 선발합니다. 영재학교는 타고난 잠재력 개발을 위해 특별한 교육이 필요한 아이들을 대상으로 능력과 소질에 맞는 가르침을 위해 설립된 학교입니다.

졸업 후에는 종합대학교 이공계열, 카이스트나 포스텍과

같은 특성화 대학으로 진학하는 경우가 많습니다. 단, 의·약학 계열 진학에는 제한이 있습니다.

기숙사 학교로 운영되며, 심화 수준의 수학·과학 수업이 이루어집니다. 진도가 빠르고 과제가 많아 학생의 학습 부담이 큰 편입니다. 스스로 탐구하기를 즐기고 학문적 열정을 가진 학생이 적합합니다. 장기적으로 이공계 분야에서 연구와 개발을 꿈꾸는 학생에게 알맞습니다.

2) 외국어고·국제고

언어·인문·사회 분야에 관심 있는 학생에게 추천합니다. 2024년 '외국어국제계열 고교' 유형 신설로 법적으로 통합되었습니다. 전국 최초로 인천외고가 국제계열(국제학과)을 신설하는 등 외국어고와 국제고의 통합 움직임이 나타나고 있습니다. 하지만 아직은 두 고교 유형의 차이가 분명한 상황입니다.

외고와 국제고는 영어 내신 성적과 출결로 1단계 합격자를 선발하고, 면접 등을 통해 최종 합격자를 선발합니다. 지원자의 1단계 교과 성적과 출결의 차이가 크지 않기 때문에 실질적으로는 면접에서 합격과 불합격이 결정됩니다.

학교에서는 영어·제2외국어 중심의 심화 수업, 모의 UN, 토론, 에세이 쓰기, 국제 이슈 관련 활동 등을 활발히 운영합니다. 따라서 언어 능력, 발표와 글쓰기 능력, 글로벌 이슈에 대한 관심을 지닌 학생에게 적합합니다. 국제기구, 외교, 통번역 등 글로벌 분야 진로를 꿈꾸는 학생이라면 진학하는 것이 좋습니다. 인문계열 상위권 대학에 진학하기도 하고 해외 대학 진학 사례도 많습니다.

3)일반고(자율형 사립고 포함)

균형 있는 성장을 원하는 대부분의 학생에게 추천합니다. 자율형 사립고는 중학교 내신, 자기소개서, 면접 등을 통해 학생을 선발하는데, 지역에 따라 차이가 있습니다. 일반고는 지역에 따라 별도의 전형이 있는 경우도 있고, 없는 경우도 있습니다.

뚜렷한 진로가 정해지지 않은 학생, 다양한 가능성을 열어 두고 싶은 학생, 내신 관리와 학교생활을 충실하게 하려는 학생이라면 일반고가 적합합니다. 특히 의·약학 계열 진학을 희망한다면, 과학고보다 일반고·자사고 진학이 더 적합합니다. 그래서 의·약학 계열로 진학 목표가 분명한 학생은 영재학교나 과학고에 지원하지 않고 자사고만 지원하기도 합니다.

4)마이스터고·특성화고

실무 역량 중심의 직업 교육을 원하는 학생에게 추천합니다. 마이스터고와 특성화고는 서류와 면접 등으로 학생을 선발합니다. 졸업 후에는 취업을 바로 하거나, 특성화고 전형을 통한 대학 진학, 산업체 연계 대학 진학 등으로 이어집니다.

철강, 반도체, 소프트웨어, 항공, 호텔 등 특정 산업 분야 중심의 교육과 기업 현장 실습, 산학 연계 프로그램이 활발히 운영됩니다. 이론보다는 실무에 강하고, 빠른 사회 진출을 원하거나 특정 산업에 관심이 많은 학생에게 추천합니다.

고등학교 선택은 '현재의 성적'만으로 결정하기보다는 학생의 강점과 흥미, 졸업 후 진로 방향을 종합적으로 고려해야 합니다.

그래서 학교 설명회 자료 뿐만이 아니라, 실제 졸업생의 진로, 학교 분위기, 선배들의 경험담을 함께 살펴보는 것이 중요합니다. 무엇보다 부모님의 기대보다 아이의 삶을 중심으로 선택해야 합니다.

고등학교 선택은 한 학생의 인생에서 방향을 정하는 중요한 첫걸음입니다. 그러나 선택에 '완벽한 정답'은 없습니다. 진짜 중요한 것은 선택 자체보다, 이후 학교 안에서 어떻게 배우고 성장하느냐입니다.

중학생 아이들과 상담하다 보면 "어떤 학교에 합격하는 게 제 목표예요." 말하는 경우가 많습니다. 하지만 고등학교

     1부 | 고등학교 선택 잘하기

는 목적지가 아니라 경유지입니다. 특정 학교에 들어갔다고 해서 고등학교 생활에 문제가 없거나, 입시에 성공하는 것은 아닙니다. 오히려 그 학교 안에서 어떤 태도로 공부하고, 어떤 관계를 맺으며, 어떤 경험을 쌓는지가 더 중요합니다.

자녀가 자신의 길을 주도적으로 설계할 수 있도록, 부모님은 가장 가까운 안내자이자 든든한 조력자가 되어 주시기를 바랍니다. 믿어 주는 한마디, 기다려 주는 한 걸음이 자녀에게는 가장 큰 힘이 됩니다.

자녀에게 이렇게 말해 주세요

"과학고는 수학과 과학을 정말 좋아하는 친구들이 모이는 곳이야. 진도가 빠르고 과제가 많지만, 탐구하는 걸 즐긴다면 재미있게 공부할 수 있어."

"외국어고와 국제고는 언어를 좋아하고 국제 사회 문제에 관심이 있는 친구들이 가면 좋아. 토론이나 글쓰기 활동이 많고, 세계를 무대로 꿈을 키울 수 있어."

"일반고는 가장 많은 학생들이 다니는 학교야. 네가 진로를 아직 결정하지 못했다면, 여러 가지 과목을 배우고 활동하면서 길을 찾을 수 있어."

"마이스터고나 특성화고는 배운 걸 바로 현장에서 활용할 수 있는 학교야. 손으로 만드는 걸 좋아하거나, 특정 분야에서 빨리 일을 해 보고 싶다면 좋은 선택이 될 수 있어."

자사고!
지원하는 게 좋을까요?

많은 학부모님과 학생들이 자율형 사립고(자사고) 진학을 앞두고 "우리 아이를 보내도 괜찮을까?" "우리 아이가 그 안에서 잘 해낼 수 있을까?" 고민을 합니다. 전국 단위 자사고든, 광역 단위 자사고든 공부를 잘하는 학생들이 모여 있는 환경이다 보니, 그 안에서 우리 아이가 어느 정도의 성적을 거둘 수 있을지 불안한 마음이 드는 것은 당연합니다. 특히 뒤늦게 자사고 진학을 고려할 때는 그 걱정이 더 커집니다.

자사고 지원 여부를 판단할 때 명확한 기준이 있는 것은 아니지만, 참고할 수 있는 몇 가지 방법은 있습니다.

첫 번째, 고1 3월 학력평가 시험 활용하기입니다. 고등학교 1학년 3월 학력 평가는 3월 중순에 실시되고, 중학교 전 과정이 출제 범위입니다. 따라서 중학교 3학년 과정까지 학습을 진행한 학생이라면 충분히 풀 수 있는 시험입니다. 자사고 지원을 고민한다면, 이 시험의 기출 문제를 풀어 보고, EBSi(고등 EBS)에서 제공하는 등급 환산 기준을 활용해 아이의 등급을 체크해 보는 것이 좋습니다.

안정적으로 1~2등급이 나오지 않는다면, 자사고에서 좋은 내신 성적을 받기 어려울 수 있다는 점을 염두에 두어야 합니다. 학력평가는 9등급제이고, 1등급은 상위 4%, 2등급은 누적 11%까지이므로, 이는 자사고 내신 1등급인 상위 10%와 비교할 수 있는 기준이 됩니다.

두 번째, 선행 학습 여부 확인하기입니다. 고등학교가 공식적으로 "선행 학습을 해야 한다." "선행 학습이 필수다." 이렇게 말하지는 않습니다. 하지만 현실적으로 대부분 학생들이 선행 학습을 한 상태에서 입학을 합니다. 그렇기 때문에 중간·기말고사에서 학습 부담의 차이가 발생할 수 있고, 1학년 성적에도 영향을 주게 됩니다. 학생이 얼마만큼의 선행 학습을 밀도 있게 했는지도 자사고 지원을 고민할 때 중요한 판단 기준이 됩니다.

세 번째, 생활 습관과 자기 관리 태도 살펴보기입니다. 자사고 진학은 학업 능력만이 아니라 생활 태도도 중요한 요소로 작용합니다. 광역 단위 자사고는 통학이 가능한 경우도 있지만, 전국 단위 자사고는 대부분 기숙사 생활을 하게 됩니다. 부모님의 관리와 관심 속에서 성과를 내는 학생이라면 타지에서의 기숙사 생활이 오히려 어려울 수 있습니다. 반면 자기 주도적으로 계획하고 실행하는 성향의 학생이라면, 기숙사 환경에서 더 크게 성장할 수 있습니다.

하지만 위 세 가지 기준(학력평가, 선행 학습, 생활 습관)만으로 학생의 잠재력을 완전히 판단하기는 어렵습니다. 고등학교 진학 이후 놀라운 성장을 보이는 학생도 많습니다. 따라서 가장 중요한 것은 학생 자신의 의지와 태도입니다. 부모님은 자녀가 충분히 정보를 얻고, 스스로 현명한 선택을 할 수 있도록 도와주셔야 합니다.

자사고는 학교마다 평가 요소에 차이가 있습니다. 또 해마다 전형이 달라지고, 모집 인원 변경도 있습니다. 그래서 입학하는 해의 모집 요강을 잘 살피는 것이 중요합니다.

예를 들어, 하나고등학교는 전국 단위 자사고이지만 일반 전형에서는 서울특별시 소재 중학교 졸업 예정자만 지원할 수 있습니다. 사회통합 전형 중 다문화가족 자녀, 군인 자녀는 서울이 아닌 단위에서 선발합니다. 2단계 평가에서는 체력 검사가 있습니다. 내신 성적은 2학년 1학기부터 3학년 2학기까지 4개 학기가 반영됩니다. 상산고등학교는 남학생과 여학생의 비율을 약 2:1로 선발합니다. 많은 자사고가 3학년 2학기까지 성적을 반영하는 것과 달리 상산고등학교와 광양제철고등학교는 3학년 1학기까지의 성적으로 학생을 선발합니다.

자녀에게 이렇게 말해 주세요

"자사고에 간다고 무조건 좋은 건 아니야. 네가 스스로 공부할 준비가 되어 있는지, 새로운 환경에서 책임감 있게 생활할 수 있는지가 더 중요해. 학교보다 중요한 건 네 의지와 태도야."

자사고 지원 여부 점검 체크리스트

⊘ 고1 3월 학력평가 기출 문제를 풀어 보았을 때, 안정적으로 1~2등급이 나오는가?

⊘ 주요 과목(국어·수학·영어 등)에서 선행 학습을 어느 정도 했는가?

⊘ 부모님의 관리 없이도 학생 스스로 계획을 세우고 학습을 이어 갈 자기 관리 습관이 있는가?

⊘ 기숙사 생활이나 새로운 환경에서 잘 적응할 수 있는 독립심이 있는가?

⊘ "나 꼭 자사고에 가고 싶어!" 학생 스스로의 의지와 동기가 분명한가?

위의 다섯 가지 질문에 '그렇다'가 많을수록 자사고 생활에 잘 적응할 가능성이 높습니다. 물론, 모든 답이 '그렇다'가 아니어도 괜찮습니다. 중요한 것은 선택 이후 학생 스스로의 꾸준한 노력과 태도입니다.

과학고의 생활은
어떤가요?

과학고등학교는 과학과 수학에 재능과 흥미가 있는 학생들이 모여 있는 학교입니다. 일반고와 가장 큰 차이점은 학문 중심의 생활과 탐구 중심의 수업 구조입니다.

과학고는 학생의 창의적 연구 역량을 키우기 위해 연구 발표 활동, 프로젝트 수업, 과학 캠프 등을 활발히 운영합니다. 기숙사 생활을 하는 경우가 많아, 학생들은 학교 안에서 공부·생활·연구를 모두 병행합니다. 그래서 공동체 생활 속에서 생기는 갈등 조정력과 자율적 생활 관리 능력을 배울 수 있습니다.

다만, 과학고는 모든 학생이 뛰어난 역량을 가지고 입학하기 때문에 중학교에서 늘 1등이던 학생이 과학고에서는 중위권이 되기도 하고 학습과 관련해서 무기력감에 빠지기도 합니다. 따라서 '자기 비교'가 아니라 '자기 성장'의 기준을 세우는 태도가 중요합니다. 꾸준히 배우고, 포기하지 않는 힘이 과학고 생활의 핵심 역량이라고 할 수 있습니다.

과학고는 단순히 '성적이 좋은 학생'보다 탐구에 흥미를 가지고 스스로 문제를 해결하는 학생에게 잘 맞는 학교입니다. 입시 준비에서는 수학·과학 교과의 성취도와 함께, 탐구

과정 중심의 사고력이 중요합니다. 학업 부담이 큰 만큼, 정
서적 지지와 휴식이 병행될 수 있도록 가정에서 꾸준히 격려
해 주시기를 바랍니다.

영재학교와 과학고는
어떻게 다른가요?

교육과정에서 영재학교는 훨씬 더 큰 자율성을 갖습니다.
과학고가 '고등학교 교육과정의 틀 안에서 심화'를 다루는
학교라면, 영재학교는 '대학 수준의 연구와 학문'을 경험할
수 있는 학교라고 할 수 있습니다.

영재학교 학생은 1학년 때 지정 과목을 이수한 뒤, 2학년
부터는 자신의 관심 분야에 따라 수강 과목을 직접 선택합니
다. 또한 모든 학생이 매 학기 연구 수업을 이수하고, 3학년
에는 졸업 논문을 제출해야 졸업할 수 있습니다.

영재학교는 실험실 환경, 기자재, 교육과정 자율성 측면에
서 과학고보다 더 대학과 유사한 시스템을 갖추고 있습니다.
평가 방식 또한 과학고는 과목별 등급 산출을 하는 반면, 영
재학교는 절대평가를 실시하여 협력과 탐구 중심의 학습 문
화를 조성합니다.

외고·국제고의 생활은
어떤가요?

외고·국제고에는 전국의 우수한 학생이 모이다 보니 경쟁이 치열하고, 영어 실력 차이로 인한 스트레스도 적지 않습니다. 또 1학년 때부터 대학 전형과 진로를 구체화해야 하므로, 진로가 아직 불명확한 학생에게는 여러모로 부담이 됩니다. 반대로 외국어와 국제 문제에 관심이 많고, 발표·토론을 좋아하는 적극적인 학생이라면 성취감이 큰 학교이기도 합니다.

외고·국제고는 '이름값'으로 선택하는 학교가 아니라, 명확한 목표와 자기 주도성, 외국어와 사회적 이슈에 대한 관심을 가진 학생에게 최적의 환경을 제공하는 학교입니다. 이런 특성을 이해하고 진로 방향이 자신과 맞을 때, 행복하고 의미 있는 학교생활을 할 수 있습니다.

기숙사 생활은 어떤가요?

고등학교 입학과 함께 기숙사 생활을 하게 되는 학생도 많습니다. 학교에 따라 전교생이 의무적으로 입사해야 하는 경우도 있고, 일부 학생만 선택적으로 생활하는 경우도 있습니다. 2인 1실에서 4인 1실까지 학교마다 구조가 다르지만, 한 가지 공통점은 '혼자만의 공간이 거의 없다'는 점입니다. 그래서 함께 생활하는 규칙과 배려가 매우 중요합니다.

기숙사에서 가장 흔한 갈등은 생활 리듬의 차이에서 비롯됩니다. 일찍 자고 싶은 학생과 늦게까지 공부하는 학생, 또 청소, 개인 세탁, 코골이, 소음 문제 등도 잦은 갈등의 원인이 됩니다. 이런 상황에서 중요한 것은 '누가 옳고 그르다'의 문제가 아니라, 함께 조율하는 태도입니다.

말 한마디로 분위기가 달라질 수 있기에, 기숙사 생활은 사회적 기술과 대화 능력을 배우는 훈련의 장이기도 합니다. 학교에 따라 기숙사 생활을 할 학생에게 "기숙사에서 같이 생활하는 친구가 늦게 자서 불편할 때 어떻게 하겠습니까?" 같은 질문을 면접에서 하는 이유도 학생이 이런 공동체적 갈등을 어떻게 인식하고 해결하는지를 보고 싶어하기 때문입니다.

기숙사 생활의 적응 여부는 학생의 자기관리 능력과 자율성에 달려 있습니다. 부모의 도움 없이 스스로 생활 리듬을 유지하고 공부할 수 있는 학생에게는 기숙사가 집중력 있는 학습 환경이 될 수 있습니다만, 자기 통제력이 약한 학생에게는 오히려 유혹과 흐트러짐의 어려움을 겪는 환경이 됩니다. 중요한 것은 '기숙사가 있는 학교가 좋은 학교냐 아니냐'

가 아니라 '우리 아이에게 기숙사 생활이 맞는가 그렇지 않은가'를 따지는 것입니다.

기숙사 생활은 자율성과 공동체 적응력을 키울 수 있는 기회입니다. 자녀가 처음에는 어려움을 겪을 수 있지만, 개입보다 스스로 조율하고 해결하도록 믿고 기다려 주다 보면 '불편함도 배움의 일부'라는 관점으로 성장의 밑거름으로 활용할 수 있습니다.

자녀에게 이렇게 말해 주세요

"기숙사는 단지 잠자는 곳이 아니라, 함께 살아가는 법을 배우는 곳이야. 네가 불편한 점이 있을 때 예의 있게 이야기하고, 다른 친구가 힘들어할 때는 먼저 배려해 주는 연습을 해 보자. 그리고 무엇보다 스스로 생활을 잘 관리하는 게 중요해. 부모님이 곁에 없더라도, 네가 스스로 일어나고, 공부하고, 정리하는 습관을 들여야 해. 그럴 수만 있다면, 어떤 환경에서도 잘 지낼 수 있어."

농·어촌 고등학교 지원,
무엇을 따져야 할까요?

교사의 입장에서 보았을 때, 농·어촌 고등학교가 가진 매력은 크게 두 가지로 생각됩니다. 하나는 입시 측면, 또 다른 하나는 학교생활 측면입니다.

첫 번째, 입시 측면으로는 농어촌 특별 전형을 활용할 수 있습니다. 학생 본인이 농어촌 소재지(읍·면)에 거주하면서 초등학교부터 고등학교까지 12년 과정을 이수했거나, 학생과 부모가 모두 농어촌 지역에 거주하며, 학생이 중학교·고등학교 6년을 이수한 경우라면, 농어촌 특별전형 응시 자격이 주어집니다.

대학마다 농어촌 특별전형의 모집 인원이 많지는 않지만, 일반 전형보다 합격선이 낮은 편이어서 전략적으로 유리할 수 있습니다. 특히 행정구역상 읍·면 지역이지만, 생활 여건은 도시와 크게 다르지 않은 지역도 있습니다. 이런 지역의 학생이라면 농어촌 고등학교 지원을 적극 고려할 만합니다.

두 번째, 단순히 입시 전략만이 아니라, 학생의 생활 태도와 성향에 따라서도 의미 있는 선택이 될 수 있습니다. 도심 학교에서는 친구 관계 속에서 사건·사고에 휘말리거나, 여러 유혹에 쉽게 노출되는 경우가 있습니다. 반면 농어촌 고등학교는 비교적 단조로운 환경이기 때문에 상대적으로 아이가 마음을 다잡고 공부에 집중하기가 좋습니다.

또 농어촌 학교는 학급당 학생 수가 적은 경우가 많아, 교사와 학생 간의 관계가 더 밀접하고 투명하게 유지됩니다. 이 과정에서 학생은 교사의 세심한 관심과 지도를 받을 수도 있습니다. 또래 관계에서도 더욱 안정적인 분위기 속에서 생활할 수 있습니다.

다만, 학생 수가 적은 것이 단점입니다. 학업의 측면에서는 등급을 받기 어려운 상황이 있을 수도 있고, 아무래도 학교의 특색있는 활동이 학생 수가 많은 학교에 비해 부족하기도 합니다. 이런 부분은 도시 학교에 비해 단점이라고 볼 수도 있습니다.

성적, 생활 태도, 성장 환경 등을 종합적으로 고려해서 농·어촌 고등학교 지원을 하는 것이 가장 좋습니다.

고등학교 입학설명회 때
무엇을 귀담아들어야 하나요?

부모님이 학교 탐방이나 입학설명회에 참석하실 때 단순히 학교 시설을 보는 것보다, 학교가 어떤 교육과정을 운영하고 학생을 어떻게 성장시키는지 살펴보는 것이 중요합니다. 아래의 질문을 미리 확인하고, 관심 있는 학교를 비교하고 정리해 보세요.

고등학교 입학설명회 체크리스트

1)교육과정 운영

⊘ 이 학교는 어떤 과목을 새로 개설했나요?

⊘ 학생이 진로에 따라 과목을 선택할 수 있는 폭은 얼마나 넓은가요?

⊘ 진로 맞춤형 과목 외에 학교 특색 과목(예: 지역 연계, 대학 협력, 예술·인문 융합 등)이 있나요?

⊘ 교과 수업과 연계된 탐구·프로젝트 수업은 얼마나 운영되나요?

2)학생 주도 활동

⊘ 이 학교의 학생 자치 활동은 어떤 방식으로 운영되나요?

⊘ 동아리나 창체 활동에서 학생이 직접 기획하거나 제안할 수 있나요?

⊘ 학교 축제·동아리 활동·프로젝트 탐구 활동 등에서 학생이 주도하는 사례가 있나요?

3)진로·진학 지원

⊘ 진로 탐색 프로그램이나 전공 체험 활동은 어떻게 이루어지나요?

⊙ 대학 연계 수업, 캠퍼스 프로그램, 멘토링 등이 있나요?

⊙ 학생부 종합전형 대비를 위한 학생부 관리 지도 등이 잘 이루어지나요?

⊙ 졸업생의 주요 진학 현황은 어떤가요? (국내 대학·해외 대학·특수목적대

　학 등)

4)학교 문화와 생활

⊙ 학교의 학습 분위기는 어떤가요?

⊙ 학생 간 관계 문화나 교사와의 소통 방식은 어떤가요?

⊙ 기숙사·방과후·야간자율학습 운영 방식은 어떻게 되나요?

⊙ 학교에서 심리 상담, 생활 지도, 건강 관리 지원은 잘 이루어지나요?

5)학부모 소통 및 지원

⊙ 학부모 대상 교육과정 설명회나 상담 프로그램이 활성화되어 있나요?

⊙ 학교 홈페이지·SNS·소식지를 통해 학사 운영이 투명하게 공개되나요?

⊙ 학부모가 학교 행사나 프로젝트에 참여할 기회가 있나요?

고입 전형 계획은
어디에서 확인하나요?

중학교 3학년 학생과 학부모에게 가장 중요한 관심사는 고등학교 입학 전형입니다. 그러나 전형 일정과 방법은 학교 유형(일반고·자사고·특목고·특성화고 등)과 지역에 따라 다릅니다. 따라서 정확한 정보를 제때 확인하는 것이 중요합니다.

순서는 '교육청 기본 계획 → 학교알리미·학교 홈페이지 → 입학설명회·진학 상담' 순으로 체크하면 좋습니다.

1) 교육청이 발표하는 '고등학교 입학 전형 기본 계획'

가장 공식적이고 신뢰할 수 있는 자료는 시·도교육청에서 매년 3~4월경 발표하는 '고등학교 입학 전형 기본 계획'입니다. 전형 시기와 방법, 원서 접수 일정이 유형별로 구체적으로 제시됩니다. 교육청 홈페이지 공지 사항이나 진학 담당 부서를 통해 확인할 수 있습니다.

2) 학교알리미와 각 고등학교 홈페이지

학교알리미(www.schoolinfo.go.kr)에서는 각 학교의 교육과정, 학급 수, 교원 현황 등 기본 정보를 비교할 수 있습니다. 각 고등학교 홈페이지 입학 안내 메뉴에서는 세부 전형 일정과 모집 요강이 공지됩니다. 특히 외고·국제고·자사고 지원을 고민하는 경우, 각 학교 입학설명회 자료를 반드시 확인해야 합니다. 그리고 설명회에서는 학교 교육과정, 학생 생활, 졸업생 진로까지 실제 사례를 들을 수 있어 도움이 됩니다.

3)교사 상담

담임 교사나 진로전담 교사 상담을 통해 개별 상황에 맞는 전략을 정리하는 것이 중요합니다. 일정이나 전형 방법을 혼자 확인하다 보면 놓칠 수 있는 부분이 있기 때문에, 학교 차원의 안내 자료를 적극적으로 참고해야 합니다.

고입 자기주도학습전형은 무엇인가요?

고입 자기주도학습전형은 과학고, 외고·국제고, 자사고의 선발 방식입니다. '자기주도학습'이란 학생 주도적으로 공부 목표를 설정하고, 계획하고 학습한 후 스스로 결과까지 평가하는 것으로 창의력과 문제 해결력을 향상시키는 학습을 말합니다. '자기주도학습전형'은 이러한 자기주도학습 결과와 인성을 중심으로 고등학교 입학전형위원회에서 창의적이고 잠재력 있는 학생을 선발하는 입학전형입니다.

자기주도학습 전 과정, 학교 특성과 연계해 지원 학교에 관심을 갖게 된 동기, 꿈과 끼를 살리기 위한 활동 계획과 진로 계획 등을 묻고 평가합니다. 인성 영역에서는 봉사, 협력, 책임감, 타인에 대한 배려 등을 확인합니다.

고입 자기주도학습전형에서
자기소개서·면접은 어떻게 준비할까요?

자율형 사립고, 외국어고, 국제고, 특목고 등 일부 고등학교 전형에서는 자기소개서와 면접이 매우 중요한 평가 요소가 됩니다. 내신 성적만으로는 학생의 진로 의지나 가능성을 충분히 보여 주기 어렵기 때문에, 학교는 자기소개서와 면접을 통해 학생의 학업 태도와 성장 가능성을 확인하고자 합니다.

1)자기소개서 준비

자기소개서는 학교생활을 열심히 할 것이니 반드시 합격시켜 달라는 다짐을 적는 글이 아닙니다. 중학교의 학교생활 속에서 어떤 것을 배우고, 어떤 것을 느꼈는지를 구체적으로 작성하여, 학교가 왜 학생을 선발해야 하는지를 설명하는 글입니다.

교과 수업에서 무엇을 배웠고, 그 배움은 다른 것과 어떻게 연결되었는지를 표현할 수 있어야 합니다. 생활기록부에서 확인할 수 있는 활동을 다시 나열하는 것이 아니라, 동아리 활동과 독서 활동 등에서 무엇을 배우고, 무슨 생각을 하게 되었는지를 드러내야 합니다(이는 향후 대학 입학을 위한 고등학교 생활기록부와도 유사합니다). 희망 진로와 지원 학교의 교육 과정이 어떻게 연결되는지를 매력적으로 설명하는 것도 중요합니다. 활동의 결과는 생활기록부에 기록되기 때문에 자기소개서에는 활동 과정과 그 과정에서의 느낀 점이 잘 드러나도록 쓰는 것이 중요합니다.

가장 중요한 것은 표절을 하지 말아야 한다는 것입니다. 자기소개서를 쓰는 것이 막막하다 보니 인터넷에 게시된 자기소개서를 참고하며 그대로 옮기거나, 아주 일부만 수정하는 경우가 있습니다. 표절로 판정될 수 있기 때문에 주의해야 합니다. 실제로 자기소개서가 표절로 확인되어 불합격 처리된 사례가 있었습니다.

2)면접 준비

면접은 학교생활기록부와 자기소개서를 바탕으로 진행됩니다. 일반적으로 지원자 1명을 두고 3명의 면접 위원이 면접을 진행합니다. 따라서 자기소개서에 작성한 내용과 생활 기록부의 내용을 충분히 숙지하고, 이를 자신의 언어로 자연스럽게 표현할 수 있도록 연습하는 것이 중요합니다.

면접 위원으로 참여하다 보면, 자신이 작성한 자기소개서의 내용을 기억하지 못하거나, 생활기록부에 기록된 활동이 본인의 경험이 아니라고 말하는 학생을 종종 보게 됩니다. 혹은 "기억이 나지 않는다."는 답변으로 일관하는 경우도 있습니다. 이렇게 하면, 좋은 평가를 받기 어렵습니다.

예상 질문을 스스로 정리해 보고, 부모님이나 친구 앞에서 연습해 보거나 휴대폰으로 자신의 답변 모습을 촬영해 확인해보는 것이 좋습니다. 외운 내용을 기계적으로 반복하기보다, 질문의 의도를 이해하고 솔직하게 자신의 경험과 생각을 이야기하는 태도가 무엇보다 중요합니다.

3)태도와 표현

면접에서는 답변의 내용만큼이나 표정, 눈빛, 자세 등에서 드러나는 진정성이 중요합니다. 바른 자세와 차분한 목소리, 또렷한 발음은 기본이며, 긴장하더라도 솔직하고 자신감 있는 태도를 보이면 좋은 인상을 남길 수 있습니다.

만약 답변이 바로 떠오르지 않는다면, "잠시 생각한 후 말씀드려도 되겠습니까?" 이렇게 말한 뒤 답변해도 괜찮습니다. 이렇게 한다고 해서 감점으로 이어지지는 않습니다. 오히려 침착하게 사고를 정리하는 모습으로 긍정적인 인상을 줄 수 있습니다.

면접 평가를 하다 보면, 지나치게 형식적인 태도나 과장된 표현으로 '학원식 면접'을 연습해 온 학생이 더러 있습니다. 이런 경우 감점을 받지는 않지만, 오히려 자연스러움이 떨어져 진정성이 약하게 느껴질 수 있습니다. 면접은 외운 답변을 보여 주는 자리가 아니라, 자신의 생각을 진심으로 전달하는 자리라는 것을 잊으면 안 됩니다.

면접에 대비하는 가장 좋은 연습 방법은 자신의 휴대폰을 삼각대에 올려 면접 연습 장면을 촬영해 보는 것입니다. 영상을 통해 말투, 표정, 시선 처리 등을 점검하면서 자연스럽게 말하는 연습을 반복하면, 말하기 불안도 줄이고 자신감 있는 태도도 기를 수 있습니다.

자기소개서와 면접 준비의 핵심은 꾸며낸 스펙이 아니라 진짜 경험과 생각을 드러내는 것입니다. 이를 위해 평소 학교 수업과 활동에 충실히 참여하고, 그 과정에서 배운 점을 기록해 두는 습관이 필요합니다. 이러한 준비를 거친 학생은 앞으로의 학업과 진로에서도 자신 있게 자기 이야기를 할 수 있습니다.

자녀에게 이렇게 말해 주세요

"자기소개서와 면접은 거창한 스펙을 보여 주는 게 아니야. 네가 학교생활 속에서 경험한 것을 솔직하게 이야기하면 되는 자리야. 그러니 너무 부담을 가지지 않아도 돼. 평소 학교의 수업과 학교 활동에 충실했다면 쓸 말도, 할 말도 자연스럽게 많아질 거야. 생활기록부를 보면서 수업에서 무엇을 배웠고, 동아리 활동을 하면서 무슨 활동을 했는지 엄마, 아빠와 대화하다 보면 자연스럽게 자기소개서에 쓸 말들이 떠오를 거야."

자기소개서·면접 준비 체크리스트

⊘ 자기소개서에 구체적인 경험과 배움이 담겨 있는가?

⊘ 자기소개서에 금지 항목(성적·수상·자격증·부모 신상 등)이 포함되어 있지는 않았는가?

⊘ 자기소개서 내용을 기반으로 한 질문에 자연스럽게 답할 수 있는가?

⊘ 자세·표정·발음에서 자신감과 진솔함을 보여 줄 수 있는가?

⊘ 준비한 답변뿐 아니라, 즉석 질문에도 솔직하게 대답할 수 있는가?

고입 사회통합전형은
무엇인가요?

사회통합전형은 국제고, 외고, 자사고에서 학생을 선발할 때의 선발 방식 중 하나입니다. 국제고는 모집 정원의 40%를 선발하고 외고와 자사고는 모집 정원의 20%를 선발하게 되어 있습니다. 이 외에 예술·체육 중점 학급에서도 모집 정원의 10%를 선발하고 있습니다. (사회통합전형의 대상자 기준은 시·도교육청에 따라 차이가 있을 수 있으므로 최종적으로는 지원하려는 학교의 모집 요강을 확인하여야 합니다.)

사회통합전형은 제도적으로 정원이 보장되어 있기 때문에 해당 자격 요건에 해당하는 학생이라면 지원을 적극적으로 고려해볼 만합니다. 실제로 사회통합전형은 경쟁률이 일반 전형보다 낮아, 일부 학교에서는 미달이 발생하는 경우도 있습니다.

1)기회균등전형

국민기초생활수급자 또는 그 자녀, 법정차상위계층 또는 그 자녀, 한부모가족지원대상자, 국가보훈대상자 또는 그 자녀, 기준 중위소득 일정 비율 이하인 가구의 자녀

2)사회다양성전형 1순위

다문화가정자녀, 소년·소녀가장/조손가족의 자녀, 순직 군경·소방관·교원·공무원 자녀, 북한이탈주민 또는 그 자녀, 도서·벽지 중학교 졸업 예정자, 장애 정도가 심한 장애인 자녀, 다자녀(3자녀 이상) 자녀

3)사회다양성전형 2순위

한부모가족 자녀, 일정 기간 이상 재직 중인 군인 자녀, 경찰 자녀, 소방공무원 자녀, 시·도 또는 군·구 소속의 환경미화원 자녀

고등학교 입학에
봉사활동이 반영되나요?

고등학교 입학에서 봉사활동이 성적에 반영되는지는 시·도교육청마다 차이가 있습니다. 예를 들어, 서울·전남·경남 지역은 봉사활동 점수를 따로 산출하지 않습니다. 반면 세종, 부산, 대구, 인천, 광주, 대전, 울산, 경기, 강원, 충북, 충남, 전북, 경북, 제주 등은 고입 전형에서 봉사활동이 성적에 반영됩니다.

반영 방식과 배점은 지역마다 다릅니다. 울산은 봉사활동 만점이 8점인 반면, 경기는 20점으로 차이가 있습니다. 만점을 받기 위해 필요한 봉사활동 시간 역시 지역별로 기준이 다릅니다. 따라서 학부모와 학생은 반드시 해당 지역 교육청의 전형 계획을 확인해야 합니다.

봉사활동 시간은 대부분 학교 교육과정 안에서 기본적으로 확보할 수 있도록 편성되어 있습니다. 따라서 성적을 위한 봉사 시간 자체는 학교 활동만 충실히 참여해도 충분히 채울 수 있습니다.

자녀에게 이렇게 말해 주세요

"봉사활동은 점수를 따기 위한 게 아니라, 네가 관심 있는 분야에서 다른 사람을 돕고 스스로 배우는 과정이야. 학교에서 하는 봉사만 해도 충분하지만, 네가 하고 싶은 봉사가 있다면 학업과 균형을 맞추면서 해 보는 것도 좋아."

조퇴나 결석이 많으면
입학에 불이익이 있나요?

고등학교 입학을 준비하는 과정에서 학부모님들이 자주 묻는 질문 중 하나가 바로 "우리 아이가 질병으로 인해 결석이나 조퇴가 잦았는데, 혹시 입시에 불이익받지 않을까요?" 하는 부분입니다. 결론부터 말씀드리면, 질병으로 인한 결석이나 조퇴는 고입에 불리하게 작용하지 않습니다.

학생이 질병 때문에 학교 수업에 빠지게 된 경우에는 진단서, 의사 소견서, 처방전 등 확인할 수 있는 서류를 제출하면 됩니다. 이렇게 하면 해당 기록은 '질병 지각·질병 조퇴·질병 결석'으로 인정되며, 출결 점수에 감점으로 반영되지 않습니다. 다시 말해, 정당한 사유가 확인된다면 고등학교 입시에 불이익이 발생하지 않습니다.

특목고나 자사고 등 일부 고등학교 입학 전형에서는 출결 점수가 일정 비율로 반영됩니다. 이때에도 '질병 지각·질병 조퇴·질병 결석'은 감점으로 반영되지 않습니다. 다만, '미인정 결석·지각·조퇴'가 점수 산출에 포함됩니다. 특히 미인정 지각이나 조퇴, 결과(수업 시간 일부 불참)는 세 번을 합산해 미인정 결석 하루로 계산하는 경우가 많으니 주의가 필요합니다.

중요한 점은 점수 반영과는 별개로 면접에서 출결 상황에 대한 질문이 나올 수 있다는 것입니다. 예를 들어 "질병 결석이 많았던 이유는 무엇인가요?" "중학교 재학 중에 결석이 많았는데 학업의 결손을 어떻게 보완했나요?" 같은 질문입니다. 질병으로 결석하면 단순히 사유만 설명하는 것이 아니라, 그 시간을 어떻게 극복했는지, 학습과 생활에 어떤 노력을 기울였는지를 솔직하게 말할 준비를 해 두는 것이 좋습니다.

일반계고에서 특목·자사고로 전학할 수 있나요?

일반계 고등학교에 입학한 뒤에도, 과학고나 외국어고, 자율형 사립고 등 특목·자사고로 전학을 희망하는 학생이 있습니다. 이런 경우 가능한 길은 있지만, 조건이 매우 제한적입니다. 무엇보다 결원이 발생했을 때만 가능합니다. 즉, 기존 학생 중 일부가 자퇴하거나 전학을 가서 빈자리가 생기지 않는 한, 전학 기회 자체가 생기지 않습니다. 결원이 생겼는지는 해당 학교 홈페이지를 통해 공지되므로, 반드시 학교의 공식 안내를 확인해야 합니다.

전형 방법은 학교마다 차이가 있으나, 대체로 교과 성적과 출결, 제출 서류 등을 토대로 면접 대상자를 선발하고, 마지막에는 면접 평가를 통해 최종 합격 여부를 결정합니다. 따라서 단순히 빈자리가 났다는 이유만으로 쉽게 옮길 수 있는 것은 아니며, 준비 과정 역시 치밀하게 이루어져야 합니다.

현실적으로는 결원 인원이 아예 생기지 않는 경우도 많고, 생긴다 하더라도 선발 인원이 소수에 불과하기 때문에 오히려 입학하기에는 훨씬 더 좁은 길입니다. 하지만 동시에, 원하는 고등학교에 입학하지 못해 아쉬움이 남는 학생에게는 다시 한 번 도전할 수 있는 소중한 기회가 되기도 합니다.

가능성을 열어 두되, 지나친 기대를 걸기보다는 지금 다니고 있는 학교에서 충실히 생활하며 기초를 다져 놓는 것이 무엇보다 중요합니다. 그렇게 해야 기회가 찾아왔을 때도 흔들리지 않고 준비된 모습으로 도전할 수 있습니다.

자녀에게 이렇게 말해 주세요

"네가 진학하고 싶어 했던 특목고나 자사고로 전학할 수 있는 기회가 아주 드물게 열리긴 해. 하지만 그 길도 경쟁은 치열하고 불확실해. 혹시 그런 기회가 생긴다면 도전해 보는 것도 좋지만, 지금 다니는 학교에서 우선 최선을 다하는 것이 가장 중요하단다."

2부

고등학교 생활과 공부법

입학 전 고등학교 공부는
얼마만큼 해야 할까요?

고등학교에 입학하기 전, 선행 학습을 얼마나 해야하는지는 학부모님들이 가장 많이 궁금해하는 부분 중 하나입니다. 특히 특목고나 자사고를 목표로 하는 학생이라면 선행 학습을 하지 않으면 뒤처지지 않을까 하는 걱정을 많이 합니다. 실제로 여러 학생들이 입학 전에 선행 학습을 하는 것도 사실입니다.

그렇지만 연구 자료를 살펴보면, 선행 학습이 곧 성적 상승으로 이어진다는 확실한 근거는 많지 않습니다. 고학년이 될수록 성적의 격차가 줄어들거나, 선행을 하지 않은 학생들이 역전하는 경우도 있습니다. 이는 외부 도움에 의존하기보다 자기 주도적으로 학습한 학생이 장기적으로 더 긍정적인 성취를 이뤄내기 때문입니다. 반대로 선행에 지나치게 의존한 학생은 자신이 이미 충분히 공부했다고 생각하고 노력을 덜 하거나, 얕게 이해하면서도 마치 아는 것처럼 생각해 대충 넘어가기도 합니다.

교육과정과 교과서는 학습자의 인지 발달 단계를 고려하여 설계되어 있습니다. 그런데 이를 무시하고 과도하게 앞서 나가다 보면, 마치 겉모습은 갖췄지만, 속은 비어 있는 스펀

지처럼 학습의 구멍이 생길 수 있습니다. 선행으로 인해 학교 수업이 시작되어서도 "이건 이미 다 아는 내용이야." 이런 태도로 수업에 집중하지 않는 경우도 종종 보게됩니다. 이런 방식이라면 오히려 선행 학습을 하지 않는 것이 더 낫습니다.

중학교까지는 학원에서의 반복 학습의 효과가 비교적 크게 나타납니다. 중학교 시험이 절대 평가이고, 비교적 단편적인 지식을 묻는 문제가 많기 때문입니다. 그러나 고등학교에 올라가면 문제 유형이 훨씬 복합적이고 사고력을 요하는 문항이 많습니다. 따라서 깊이 있게 탐구하며 스스로 고민한 학생이 더 좋은 성과를 냅니다.

전국 단위 자사고나 일부 특목고의 경우 선행을 하고 오는 학생이 대부분이긴 합니다. 하지만 입학 이후 성적은 단순히 '얼마나 빨리 선행을 했는가'와 비례하지 않습니다. 진정한 차이는 공부의 양이 아니라, 학생이 스스로 탐구하며 원리를 정확히 이해했는지, 그리고 그것을 꾸준히 이어 갈 수 있는지에 달려 있습니다. 선행의 속도보다는 탄탄함과 깊이가 핵심입니다.

따라서 선행 학습은 부모의 불안감이나 계획에 맞추는 것이 아니라, 학생이 감당할 수 있는 학습량과 호기심, 그리고 자기 주도적 학습 태도를 고려해야 합니다. 결국 중요한 것은 '얼마나 빨리 시작했느냐'가 아니라 '얼마나 자기 힘으로 이해하며 꾸준히 했느냐'입니다.

또한 무리하게 앞서 나가기보다는, 아이가 스스로 흥미를 느끼며 학습할 수 있는 범위에서 진행하는 것이 바람직합니다. 억지로 이끌려가는 선행은 금세 흥미를 잃게 만들고, 오히려 자신감을 떨어뜨릴 수 있습니다. 반면, 스스로 탐구하고 배우려는 과정에서 이루어지는 선행은 자기주도 학습 습관을 키우는 밑거름이 됩니다.

자녀에게 이렇게 말해 주세요

"선행 학습을 얼마나 많이 했는지가 중요한 게 아니야. 중요한 건 네가 스스로 원리를 이해하고 공부에 꾸준히 힘을 쏟는 거야. 진도를 앞서가는 것보다, 배운 내용을 정확히 알고 깊이 이해하는 게 훨씬 더 중요하단다."

중3 겨울방학, 공부 외에 무엇을 준비할까요?

많은 학부모님들이 "이 시기에 고등학교 공부를 미리 해야 하지 않을까?" 고민하지만, 건강한 몸과 마음이 가장 우선이라고 말씀드리고 싶습니다.

새로운 학교 환경에 들어가는 것은 학생들에게 큰 변화입니다. 친구, 선생님, 교실 분위기, 수업 방식까지 모든 것이 달라집니다. 이 과정에서 낯섦과 긴장감을 극복하는 힘은 체력에서 비롯됩니다. 충분한 체력이 뒷받침되어야 마음도 안정되고, 학습에도 몰입할 수 있습니다.

따라서 겨울방학 동안에는 규칙적인 생활 습관을 지키는 것부터 시작해야 합니다. 늦게 자고 늦게 일어나는 생활은 한 번 습관이 되면 고치기 어렵습니다. 방학 때도 학교에 다니는 것처럼 일찍 자고 일찍 일어나는 규칙을 세우고 지키는 것이 필요합니다. 또한 고등학교에 들어가면 야간자율학습이나 늦은 시간까지 이어지는 학원 수업 때문에 체력 소모가 더 커집니다. 미리 운동 습관을 들여 체력을 길러 두는 것도 학업 집중력의 기반이 됩니다.

학원 선행 반에 들어가서 진도를 빠르게 뽑아내는 것도 필요할 수 있지만, 아주 우수한 학생이 아니라면, 중학교 과정의 교과 학습 영역에서 빈 부분이 없도록 복습 과정을 충실히 하는 것이 더 도움이 됩니다. 그렇게 기초를 다지는 것이 향후 고등학교 수업을 쫓아가기가 더 쉽습니다.

겨울방학을 자신의 진로를 탐색하는 시기로 활용할 수도 있습니다. 중학교 시절에는 진로가 막연한 경우가 많지만, 고등학교는 과목 선택과 활동이 곧 진로와 연결되기 때문에 방향을 잘 잡는 것이 중요합니다. 다양한 매체를 통해 직업인의 실제 삶을 들여다보거나, 관심 분야와 관련된 도서를 찾아 읽는 것도 좋은 방법이 됩니다.

자녀에게 이렇게 말해 주세요

"고등학교에 가기 전 겨울방학에는 공부만 중요한 게 아니야. 네가 규칙적인 생활을 하고, 운동으로 체력을 기르면서, 네가 어떤 일을 하고 싶은지도 생각해 보는 게 필요해. 그래야 새로운 학교에서도 잘 적응할 수 있어."

중3 겨울방학 실천할 것들 체크리스트

⊘ 규칙적인 생활 습관 유지하기

⊘ 체력 단련을 위해 꾸준히 운동하기

⊘ 독서를 통해 진로 탐색하기(다큐멘터리나 직업 인터뷰 영상 같은 것 시청하기)

⊘ 자신의 관심사 구체적으로 정리하기(경험을 되돌아보고 기록으로 남기기)

고등학교의 일과는
어떻게 운영되나요?

고등학교의 하루는 중학교 때보다 훨씬 더 체계적이고, 학업 중심으로 촘촘하게 운영됩니다. '등교 – 수업 – 방과후 학교 – 자율학습' 흐름으로 이어지는데, 이 과정에 자연스럽게 적응하는 것이 고등학교 생활을 안정적으로 시작하는 핵심입니다.

먼저, 등교는 보통 오전 8시 전후에 이루어집니다. 담임 선생님이 출석을 확인하고 간단한 아침 조회를 하거나, 학급별로 짧은 활동을 하기도 합니다. 일부 학교는 아침 자율학습 시간을 운영하여 학생들이 수업 전부터 스스로 공부하거나 독서를 하도록 지도합니다. 하루를 시작하는 습관을 어떻게 잡느냐에 따라 그날의 집중력이 달라지기 때문에, 이 시간은 생각보다 의미가 큽니다.

정규 수업은 대체로 1교시부터 7교시까지 이어집니다. 한 교시는 50분이며, 오전 8시 30분에서 9시 사이에 첫 수업이 시작됩니다. 점심시간과 쉬는 시간을 제외하면 대부분 수업으로 채워지는데, 중학교보다 교과별 심화 수준이 훨씬 높고, 수업의 속도 또한 빠릅니다. 따라서 '수업 시간에 집중하는 힘'을 기르는 것이 무엇보다 중요합니다.

중학교의 쉬는 시간이 정말로 쉬는 시간이었다면, 고등학교에서의 쉬는 시간은 공부 시간이기도 합니다. 이 시간을 활용해서 공부를 하는 학생이 꽤 많습니다. 쉬는 시간 한 번은 10분이지만, 모으면 꽤 많은 시간이 되기 때문에 영어 단어를 외우거나, 국어 문제를 한 세트 푸는 시간으로 활용하는 학생도 많습니다.

정규 수업이 끝난 뒤에는 방과후학교 프로그램이 이어집니다. 이는 단순히 보충 수업만이 아니라, 심화 학습, 자격증 준비, 예체능 활동, 교양 과목 등 다양한 선택지로 이루어집니다. 학생이 스스로 선택해서 참여할 수 있기 때문에, 학업 성취와 자기 계발을 동시에 이룰 기회가 됩니다.

저녁 이후에는 학교에 따라 야간자율학습(야자)을 운영하기도 합니다. 학생들은 야간자율학습에 참여하거나, 학원에 가는 것이 일반적입니다. 야간자율학습은 보통 오후 6시 이후 저녁 식사를 마치고 교실에 남아 9시 30분 또는 10시까지 이어집니다. 이 시간은 자율적으로 운영되지만, 사실상 고등학교 생활의 중요한 부분을 차지합니다. 학생들은 이 시간에 수업 내용을 복습하거나 과제를 하고, 때로는 교사의 지도를 받기도 합니다.

최근에는 '자율성'을 존중하는 분위기가 강화되어, 반드시 의무적으로 참여하기보다 학생 스스로 학습 방식을 선택하도록 하는 학교가 점점 늘어나고 있습니다.

자녀에게 이렇게 말해 주세요

"고등학교는 아침 일찍부터 저녁 늦게까지 이어지는 일과 속에서 네가 어떻게 생활 리듬을 지키느냐가 성적이나 활동 못지않게 큰 힘을 발휘해. 처음에는 하루가 길고 힘들게 느껴질 수도 있지만, 조금씩 적응해 나가면 고등학교 생활의 리듬이 너의 생활 습관이 되고, 결국은 대학 입시와 진로 준비의 힘이 될 거야. 너 자신을 믿고 차근차근히 해 나가면, 분명 좋은 결과를 얻게 될 거야."

선생님과의 관계, 어떻게 만들어 가야 할까요?

하루 중 가장 많은 시간을 보내는 공간이 학교이기 때문에 부모님보다 선생님과 얼굴을 마주하는 시간이 더 길어집니다.

선생님과의 관계는 단순히 '가르치는 사람'과 '배우는 사람'의 관계를 넘어섭니다. 모르는 것을 편안하게 질문하고,

진로 고민을 터놓고 이야기할 수 있으려면 기본적으로 선생님을 신뢰해야 합니다. 이 신뢰는 학생의 태도에서 비롯됩니다. 수업에 집중하고, 과제를 성실히 수행하며, 예의 바르게 대화하는 습관은 교사에게 긍정적인 인상을 주고 학생과의 관계를 돈독히 하게 하는 밑거름이 됩니다.

수업 중 집중하지 않는 태도는 자칫 '관심이 없다'라는 인상을 줄 수 있습니다. 친구와 대화하거나 고개를 떨구고 졸기보다는 비록 다 이해하지 못하더라도 선생님과 눈을 맞추고 필기를 하는 모습이 훨씬 더 좋은 평가를 얻게 합니다. 물론 수업 이후 쉬는 시간이나 일과 시간 이후에 수업 내용에 대한 질문을 한다면 더 좋은 인상을 남길 수도 있습니다.

상담 시간에 소극적인 태도 역시 자주 하는 실수입니다. "딱히 할 말이 없어요." 이렇게 말하기보다는, 작은 고민이라도 꺼내 놓는 것이 좋습니다. 먼저 말하지 않으면 선생님도 학생의 고민을 알기 어렵습니다.

자주 표현을 하는 것이 좋습니다. 선생님들도 사람이다 보니 적절한 상황에 필요한 표현을 하는 학생이 좀 더 긍정적으로 보이기 마련입니다. 그렇지 않다면, 선생님도 오해하는 상황이 생길 수 있습니다. 고마우면 "고맙습니다."라고 말하고, 죄송한 일을 했다면 "죄송합니다."라고 한마디 하는 것이 관계를 따뜻하게 하고, 학생 스스로에게도 긍정적인 태도를

　　　　　　　　　　2부 | 고등학교 생활과 공부법

갖게 합니다. 이렇게 선생님과의 관계를 유지하는 법을 배운 학생은 다양한 사람과 협력하고 소통하는 방법을 함께 배우게 되는 것입니다.

그리고 만약 자녀가 선생님과의 관계에서 갈등이나 어려움을 겪고 있다면, 부모가 곧바로 개입하기보다는 자녀가 스스로 대화하고 조율할 수 있도록 격려하는 것이 필요합니다. 물론 심각한 문제라면 학교와 협의해야겠지만, 가급적 부모님은 조급한 해결사가 아니라 든든한 지원자가 되어 주시면 좋습니다. 이 또한 아이에게는 성장의 기회가 됩니다.

잠시 제 얘기를 하자면, 저는 학창 시절에 선생님들께 편지를 많이 쓰는 학생이었습니다. 그 시절에는 스승의 날이나 방학에 선생님들께 편지를 쓰는 것이 유행이기도 했지만, 저는 다른 아이들보다 좀 더 꾸준히 많이 썼던 것 같습니다.

중학교 2학년 때 만난 선생님께는 고등학교에서도, 군대에서도 편지를 쓰면서 연락을 드렸고, 지금은 교사로서 고민이 있을 때마다 연락을 드리고 있습니다. 그 선생님께서는 제가 쓴 편지에 매번 답장을 써 주셨는데, 그렇게 받은 편지만 서른 통이 넘습니다. 그때의 기억 때문에 저 역시도 학생들에게 편지를 받으면 꼭 답장을 써주고 있습니다. 학생들은 답장을 써 주는 선생님을 처음 보았다고 즐거워하기도 합니다.

학교생활을 하면서 마음 편히 자기 이야기를 터놓을 수

있는 선생님, 때로는 자랑하고 때로는 투정부릴 수 있는 인생의 조력자를 만난다면, 고등학교의 추억이 조금 더 빛나지 않을까 생각합니다.

자녀에게 이렇게 말해 주세요

"고등학교에서 네가 만나는 선생님들은 단순히 수업만 하시는 분들이 아니야. 너의 진로를 함께 고민해 주고, 생활 속에서 힘이 되어 주실 분들이지. 수업 시간에 집중하고 과제를 성실히 하면 그것이 곧 선생님과의 신뢰로 이어져. 상담 시간에는 네 생각을 솔직하게 이야기해 보렴. 그리고 선생님께 감사 인사를 전하는 것도 잊지 말고. 그런 태도가 쌓일수록 선생님은 너를 더 잘 이해하시고, 네가 필요할 때 가장 든든한 조언자가 되어 주실 거야."

담임 선생님과
꼭 상담해야 할까요?

많은 학부모님들께서는 상담이 유치원이나 초등학교 때나 필요한 것으로 이해하고, 아이가 고등학생이 되면 '이제는 본인이 알아서 잘해야지' 그러면서 상담을 멀리하기도 합니다. 또 성적이 뛰어나지 않으면 특별히 할 이야기가 없다고 생각하기도 합니다. 그러나 저는 학부모 상담이야말로 고등학교 시기에 꼭 필요하다고 말씀드리고 싶습니다.

그 이유는 단순합니다. 자녀의 생활 습관과 성장을 제대로 이해하기 위해서입니다. 학부모님과 상담을 하다 보면 "집에서 보이는 모습과 학교에서의 모습이 이렇게 다를 줄 몰랐어요."라고 말하며 놀라시는 경우가 종종 있습니다. 가정에서의 모습과 학교에서의 모습은 서로 다르지만 모두 자녀의 진짜 모습입니다. 그렇기에 부모님은 학교에서 어떤 태도로 생활하는지를 알 필요가 있고, 그것을 바탕으로 가정에서 지도해야 할 부분은 지도하고, 응원해야 할 부분은 응원해 주셔야 합니다.

가정에서는 적극적이지만 학교에서는 소극적인 학생이 있고, 집에서는 열심히 공부하지만 학교에서는 수업 태도가 좋지 않은 학생도 있습니다. 또 가정에서는 원만한 대인관계를 보이지만 학교에서는 친구들과 갈등을 겪는 경우도 있습니다. 이러한 모습을 종합적으로 이해하기 위해서도 상담은 꼭 필요합니다. 특히 고등학교 생활은 수업과 평가 일정이 빠르게 진행되기 때문에, 작은 고민이라고 제때 나누고 해결하지 않으면 금세 쌓여서 어려운 문제처럼 여겨지기도 합니다.

담임 선생님 상담은 학부모에게도 필요하지만, 학생 본인에게도 꼭 필요합니다. 학업 문제, 친구 관계, 진로 고민은 혼자서만 풀기 어렵기 때문에, 신뢰할 수 있는 선생님과 함께 고민을 나누는 것이 바람직합니다.

학교에는 위클래스(Wee Class)라는 전문 상담실이 운영되고 있습니다(일부 학교에는 없기도 합니다). 위클래스에는 전문 상담 교사가 상주하면서 학생들이 겪는 학업 스트레스, 친구 관계의 어려움, 가정 문제 등 민감한 고민도 안전하게 상담할 수 있도록 돕습니다. 정해진 예약 시간을 통해 상담할 수도 있고, 긴급한 경우 쉬는 시간이나 점심시간을 활용해 찾아갈 수도 있습니다. 언제든 학생들이 부담 없이 활용할 수 있도록 열려 있습니다.

자녀에게 이렇게 말해 주세요

"고등학교에서는 공부, 친구, 진로 때문에 혼자서는 해결하기 힘든 고민이 생길 수 있어. 그럴 때는 주저하지 말고, 담임 선생님이나 교과 선생님께 상담을 요청해 보렴. 선생님은 네가 생각하는 것보다 훨씬 더 많은 도움을 줄 수 있는 분들이야. 또 힘든 일이 있다면 위클래스를 찾아가도 좋아. 상담은 문제가 생겨야만 가는 것은 아니란다. 그리고 문제가 생긴다면, 혼자 안고 있지 말고, 꼭 누군가와 함께 나누도록 하자."

　　　　　2부 | 고등학교 생활과 공부법

담임 선생님 상담 전 부모와 자녀가 함께 나눌 질문 체크리스트

상담 시간이 더 의미 있어지려면 단순히 "성적이 어떤가요?" "이 성적이면 어느 대학에 갈 수 있나요?" 같은 질문에만 그치지 말고, 자녀의 생활과 성장을 전반적으로 함께 돌아보는 질문이 필요합니다. 상담 전에 부모님과 자녀가 함께 이야기를 나누면, 선생님과의 대화가 훨씬 깊이 있고 구체적으로 진행될 수 있습니다.

⊘ 선생님께 꼭 듣고 싶은 조언이나 도움은 무엇일까?

⊘ 수업 시간에 나는 얼마나 적극적으로 참여하고 있을까?

⊘ 친구 관계에서 힘들거나 도움받고 싶은 부분은 무엇일까?

⊘ 내가 지금 가장 고민하고 있는 진로 문제나 학업 방향은 무엇일까?

상담시 부모가 선생님께 물어볼 질문 체크리스트

상담은 성적표를 확인하는 자리가 아닙니다. 학교에서의 자녀 생활 모습을 깊이 이해하고, 가정에서 어떤 부분을 도와주어야 할지를 함께 고민하는 시간입니다. 부모가 선생님께 묻는 질문의 깊이에 따라 상담의 효과는 달라집니다. 아래는 자녀의 전반적인 성장을 함께 살펴볼 수 있는 질문입니다. 부모님께서는 상담에서 선생님께 이렇게 물어보세요.

⊘ 우리 아이는 수업 시간에 어떤 태도를 보이나요?(집에서의 모습과 어떤 차

이가 있는지 알고 싶습니다.)

⊘ 교우 관계에서 특별히 눈에 띄는 부분이나 도움이 필요한 점이 있을까요?

⊘ 진로와 관련해서 현재 우리 아이가 잘하고 있는 점은 무엇이고, 앞으로 보완해야 할 점은 무엇일까요?

⊘ 학습 습관이나 생활 습관 가운데 지금 시기에 특히 지도해야 할 부분이 있다면 어떤 것일까요?

⊘ 부모로서 집에서 아이를 도울 때, 가장 효과적인 방법은 무엇일까요?

수면·기상 습관,
어떻게 잡을까요?

고등학교 생활에서 가장 먼저 무너지는 습관이 바로 '수면 리듬'입니다. 지역과 학교마다 하교 시간이 다르고 야간자율학습 운용 시간도 다소 차이는 있지만, 대부분의 고등학교는 등교 시간이 중학교보다 빠르고, 하교 시간은 더 늦습니다. 방과후 수업이나 야간자율학습이 교과 중심으로 이루어지기 때문에 학생들이 집에 돌아오면 이미 밤 10시가 넘어가는 경우도 흔합니다.

　　　　　　　　　　　　　2부 | 고등학교 생활과 공부법

이런 일정 속에서 학생들이 가장 많이 겪는 문제는 '수면 부족의 악순환'입니다. 야간자율학습이나 학원 수업이 끝나면 배가 고파서 야식을 먹고 잠드는 시간이 더 늦어집니다. 더러는 야간자율학습에 대한 보상 심리로 밤늦은 시간까지 휴대폰을 보기도 합니다.

그 결과 수면 시간이 부족해지면서, 수업 시간에 조는 학생들이 정말 많습니다. 부모님께서 생각하시는 것보다 1교시 수업 시간에 자는 학생은 훨씬 더 많습니다. 수업 시간마다 깨우기도 하지만, 수업 진도를 나가지 않고, 자는 학생만 깨울 수도 없는 노릇입니다.

고등학교 내신 시험의 대부분은 수업 시간에 다룬 내용에서 출제됩니다. 수업 시간에 졸면서 시험을 잘 보겠다는 것은 애당초 불가능한 일입니다. 최근에는 수능(정시)과 학생부교과전형에서도 학생의 수업 태도, 즉 생활기록부 기반의 정성 평가를 반영하기 시작했습니다. 수업 시간마다 피곤해하고 집중하지 못하는 학생에게 교사가 좋은 평가를 남기기는 어렵습니다.

수면 리듬은 좋은 학습 결과를 얻기 위한 기본이 되는 사항입니다. 밤늦게 공부하기보다 일찍 자고 아침에 일찍 일어나는 패턴으로 바꾸는 것이 더 낫습니다. 그리고 주말에도 완전히 늦게 자고 늦게 일어나는 습관은 피하는 것이 좋습니다. 몸이 리듬을 잃으면 월요일 아침부터 다시 피로가 누적됩니다.

고등학교 생활은 단거리 달리기가 아니라 3년짜리 장거리 레이스입니다. 꾸준히 체력을 유지하기 위해서는 수면, 식사, 운동이 공부만큼 중요합니다. 자녀가 공부를 잘하려면, 먼저 '잠을 잘 자는 법'을 배워야 한다는 점을 꼭 기억해 주셨으면 합니다.

자녀에게 무조건 '늦게 잔다'고 나무라기보다는 왜 늦게 자는지 원인을 함께 찾아보는 대화가 필요합니다. 피곤할 때는 "공부 좀 쉬어라." 보다 "오늘은 일찍 자고 내일 아침에 일찍 일어나자." 식으로 건강을 우선하는 메시지를 전달하는 것이 효과적입니다.

자녀에게 이렇게 말해 주세요

"공부도 체력이야. 네가 밤늦게까지 공부하는 것도 좋지만, 그보다 더 중요한 건 내일 수업 시간에 깨어 있는 거야. 수업을 들을 때 졸지 않고 집중하는 게 진짜 공부야. 30분만 더 자면 하루 종일 머리가 맑아진다는 걸 꼭 느껴봤으면 좋겠어."

방학이나 주말에 공부와 휴식은 어떻게 계획할까요?

고등학교 생활에서 방학과 주말은 단순히 '쉬는 시간'이 아니라, 자신의 학습 리듬을 정비할 수 있는 전략적 시간입니다. 학기 중에는 학교 일정과 과제, 수행평가로 인해 주도적으로 공부하기 어려운 경우가 많지만, 방학과 주말에는 스스로 계획을 세우고 실천할 수 있는 여유가 생깁니다. 그렇기 때문에 이 시간을 어떻게 쓰느냐로 성장의 계기를 삼을 수 있습니다.

방학은 학습의 흐름을 이어 가는 시기입니다. 많은 학생이 "방학 때는 좀 쉬었다가 새 학기에 다시 시작하자."라고 생각하지만, 그렇게 하면 학기 초에 적응하는 데만 한 달이 걸립니다. 방학은 오히려 부족했던 과목을 정리하고, 다음 학기를 준비할 수 있는 최적의 시기입니다.

예를 들어, 오전에는 국어, 수학 같은 기본 교과 중심으로의 복습, 오후에는 탐구 과목 정리나 수행평가 준비, 독서, 진로 관련 탐색 활동 등을 넣는 방식이 좋습니다. 이렇게 하면 학습 리듬을 잃지 않으면서도 '지치지 않는 공부 루틴'을 만들 수 있습니다. 즉, 다시 학기가 시작되었을 때 힘들지 않도록 생활 패턴을 학기 중과 비슷하게 유지하는 것이 중요합니다.

주말도 마찬가지입니다. 토요일은 한 주 동안 배운 내용을 복습하고, 일요일은 다음 주 수업을 가볍게 예습하는 식으로 계획하면 좋습니다. 이런 '짧고 규칙적인 복습 습관'이 누적되면 내신이나 수능 학습 모두에서 큰 차이를 만들어 냅니다.

다만, 휴식도 계획의 일부로 포함되어야 합니다. 하루 종일 공부만 하면 효율이 떨어지고, 의욕도 유지되지 않습니다. 산책, 운동, 음악 감상, 취미 활동 등은 두뇌 회복뿐 아니라 정서적 안정에도 도움이 됩니다. 특히 방학에는 가족과의 대화, 친구와의 교류 시간을 충분히 가지는 것이 중요합니다. 그래야 '지속 가능한 공부력'을 만들 수 있습니다.

학부모님은 자녀의 방학 계획을 세세하게 짜주기보다는, 자녀 스스로 계획을 세우고 수정할 수 있도록 '질문형 피드백'을 주는 것이 더 효과적입니다. 그리고 휴식 시간에는 '스마트폰 사용 제한'보다 '건강한 대체 활동 제안'을 제안하는 것이 좋습니다. 부모님들이 자녀 공부에만 신경 쓰고, 체력 만들기를 너무 등한시하는데, 수업 집중력, 암기력 향상, 스트레스를 덜 받기 등은 모두 신체 능력에서 비롯된다는 것도 꼭 기억해야 합니다. 방학 동안은 한두 시간 자녀가 좋아하는 운동이나 부모님과 함께할 수 있는 운동을 하는 게 좋습니다.

욕심을 너무 내지 않는 것도 중요합니다. 방학이니 조금 노는 시간도 필요합니다. 방학 초반에 너무 빡빡한 계획을 세우면 중간에 무너지기 쉽습니다. 실행할 수 있는 현실적 계획으로 시작하되, 점차 늘려가는 것이 좋습니다.

"방학은 놀기 위한 시간이 아니라, 네 공부 리듬을 되찾는 시간이야. 하루 종일 공부만 하라는 게 아니라, 공부할 때는 집중하고 쉴 때는 제대로 쉬자는 거야. 짧게라도 계획을 세우고 스스로 실천해 보는 게 중요해. 방학이 끝나고 나서 '성장했다'는 느낌이 들 수 있도록 보내도록 하자."

친구 관계는
중학교와 어떻게 다른가요?

중학교에서는 주로 한 반 안에서 친구들과 어울리며 비교적 좁은 관계 속에서 지냅니다. 하지만 고등학교에 올라오면 상황이 달라집니다. 선택 과목, 동아리, 자율 활동 등으로 학년과 반을 넘어 다양한 친구를 만나게 되면서, 관계의 폭이나 사람을 대하는 시야도 함께 넓어집니다.

이 과정에서 성격이나 가치관이 다른 친구를 만나 갈등을 겪기도 합니다. 공동 과제의 역할 분담, 수행평가 협업, 진로와 성적 문제 등에서 의견 충돌이나 경쟁심이 일어나는 경우도 있습니다. 하지만 이런 갈등은 피해야 할 문제가 아니라 성장을 위한 과정입니다. 중요한 것은 '갈등을 피하는 것'이 아니라 '갈등을 다루는 방법을 배우는 것'입니다.

고등학교 시기의 친구 관계는 단순히 '잘 지내는 것'을 넘어, 서로의 다름을 이해하고 존중하는 법을 배우는 과정입니다. 감정을 억누르기보다 "나는 이렇게 하니 불편했어.""다음엔 이렇게 해보면 어떨까?"처럼 솔직하지만 예의 있게 대화하는 연습이 필요합니다. 이렇게 말로 조율하고 타협하는 경험이 쌓일수록 관계도 성숙해집니다.

무엇보다 서로의 성장을 응원해 주는 친구는 큰 힘이 됩니다. 함께 공부하고, 서로의 진로를 격려하며 경쟁을 '비교'가 아닌 '자극'으로 받아들이는 태도가 중요합니다. 이런 친구는 고등학교 시절을 넘어 대학과 사회에서도 든든한 동반자가 됩니다.

반면, 친구 관계가 공부에 안 좋은 영향을 미치는 경우도 있습니다. 갈등으로 인해 수업에 집중하지 못하기도 하고, 늦게 잠들어 다음 날 컨디션이 떨어지면, 예민해진 감정으로 또 다른 오해가 생기는 악순환이 생기기도 합니다. 공부와 진로의 비중이 커지는 시기일수록 관계에서의 균형이 필요합니다. 서로의 입장을 배려하고, 작은 오해는 바로 대화로 풀어내는 노력이 무엇보다 중요합니다.

부모님께 드리는 당부는 자녀가 친구 문제를 이야기할 때 바로 개입하기보다, 먼저 감정과 입장을 들어주는 태도를 잊지 않아야 한다는 것입니다. "그 친구가 나쁘다." 보다 "그 상황이 힘들었겠구나." 이렇게 공감으로 시작하면 아이는 자신의 문제를 객관적으로 바라볼 수 있는 여유를 갖게 됩니다.

갈등은 성숙의 과정입니다. 즉각적인 해결보다, 자녀가 스스로 대화하고 정리하도록 돕는 것이 중요합니다.

자녀에게 이렇게 말해 주세요

"고등학교에 가면 정말 다양한 친구들을 만나게 될 거야. 어떤 친구는 너랑 잘 맞을 수도 있고, 또 어떤 친구는 너와 생각이 다를 수도 있어. 중요한 건 맞지 않는다고 피하기보다, 대화하면서 조율하는 거야. 서로 다르다는 건 틀린 게 아니라 배우는 기회라는 걸 잊지 말자."

친구 관계 문제로 힘들어하는 자녀의 회복을 돕는 대화법

1) 1단계: 감정보다 '경청'이 먼저입니다. 옳고 그름을 따지지 말고, '지금 아이의 마음이 어떤지'에 초점을 맞추어 주세요.

- "오늘 학교에서 무슨 일이 있었던 것 같아. 괜찮아?" "힘들었겠다. 무슨

일이 있었는지 이야기해 줄 수 있을까?"

- 잘못된 반응: "도대체 왜 그런 일이 생긴 거야?" "그 친구는 원래 그런 애 잖아, 신경 쓰지 마." 이런 반응은 아이가 내 이야기를 이해해 주지 않는 다고 느끼게 해 부모와의 지속적인 대화를 어렵게 합니다.

2) 2단계: 상황보다 '감정'을 먼저 받아들입니다. '누가 잘못했는가'보다 '너 의 마음이 어땠는가'를 묻는 태도가 신뢰를 쌓습니다. 이때 부모의 표정과 말투는 비난 대신 안정감을 주는 것이 되어야 합니다.

- 부모의 말: "그 상황이 너한테 정말 속상했겠다." "그 말을 들었을 때 마 음이 많이 아팠겠구나." "그 친구가 그런 반응을 보이니까 당황했겠다."

3) 3단계: 문제를 해결해 주기보다, 스스로 정리하도록 도와줍니다. 이 단 계에서는 조언보다 질문이 중심이 되어야 합니다. 아이가 스스로 감정과 행동을 정리할 수 있도록 '생각의 언어화'를 돕는 것이 핵심입니다.

- 부모의 말: "그 친구가 왜 그렇게 말했을까? 너는 어떻게 느꼈어?" "다시 이야기해 볼 생각은 있어? 아니면 잠시 거리를 두는 게 좋을까?" "그 상 황에서 너는 어떤 부분이 제일 힘들었는지 생각해 보자."

4) 4단계: 해결이 아닌 '회복'의 방향으로 대화를 마무리합니다. 아이가 스 스로 '다음에 할 수 있는 행동'을 말하게 되면, 문제를 회피하지 않고 성장 의 과정으로 인식하게 됩니다.

　　　　　　　　　　2부 | 고등학교 생활과 공부법

- 부모의 말: "누구나 친구 관계에서 힘든 순간이 있어. 하지만 그 과정을 통해 성장하는 거야." "이번 일을 겪으면서 배운 점이 있다면 뭐라고 생각해?" "다음엔 이런 상황에서 네 마음을 더 잘 표현할 방법이 있을까?"

자녀의 말을 '해결해야 할 문제'로 보지 말고, '함께 들어야 할 이야기'로 바라보는 것이 중요합니다. "내가 대신 해줄게."보다는 "어떻게 도와주면 좋을까?" 물어보아야 합니다. 감정을 수습할 시간이 필요한 경우, 조용히 곁에 있어 주는 것 자체만으로도 위로가 됩니다.

선배와의 관계, 왜 중요할까요?

고등학교에서 선배와의 관계는 단순히 '친해지는 것'을 넘어, 학교생활의 질과 진로 탐색의 깊이를 높이는 중요한 요소입니다.

중학교에서는 대부분의 활동이 교사 중심으로 운영되었지만, 고등학교에서는 학생이 스스로 선택하고 주도해야 하는 일이 많습니다. 과목 선택, 동아리, 자율·자치활동, 봉사활동 등은 학생이 직접 계획을 세워야 하는 영역입니다. 이때 선배의 조언은 실제적인 도움이 됩니다.

"○○ 과목은 수행평가 비중이 높아서 꾸준히 해야 해."
"△△ 동아리는 발표 준비가 많지만 진로 탐색에 도움이 돼."
이 같은 선배의 말 한마디가 학생의 선택과 준비 방향을 구체화시켜 줍니다.

또한 선배들은 축제나 체육대회, 동아리 발표회 같은 학생 주도 행사의 중심에 서 있습니다. 후배는 그 과정을 보며 자연스럽게 "행사를 저렇게 준비하는구나.""팀워크를 이렇게 맞추는구나." 같은 배움을 얻을 수 있습니다. 교실 수업 밖에서 이루어지는 사회적 학습의 장입니다.

물론 선배와의 관계가 항상 편안한 것은 아닙니다. 때로는 생각이 다르거나, 불편한 상황이 생길 수도 있습니다. 그러나 이런 관계를 조율하며 존중과 의사소통의 균형을 배우는 것 역시 학교생활의 중요한 성장 경험입니다.

선배와의 관계는 정보 이상의 의미를 가집니다. 그 관계 속에서 학생은 자신의 진로를 구체화하고, 협력과 리더십을 배우며, 나중에는 후배에게 도움을 줄 수 있는 '배움의 순환 구조'를 만들어 갑니다. 좋은 선배를 만나는 경험은 학생에게 든든한 나침반이 되어 줍니다.

자녀가 선배에게 조언을 들었다면, 학부모님은 "그 조언을 들으니까 어떤 생각이 들었어?"처럼 경험을 스스로 해석

　2부 | 고등학교 생활과 공부법

하는 질문으로 대화를 이어가면 좋습니다. 만약 부정적인 관계로 어려움을 겪는다면, 자녀의 이야기를 먼저 듣고 담임 교사나 위클래스 상담을 함께 논의해 볼 수도 있습니다.

자녀에게 이렇게 말해 주세요

"선배들은 이미 네가 겪을 일을 먼저 경험해 본 사람들이야. 그 이야기 속에는 교과서에는 없는 현실적인 조언이 숨어 있어." "선배와 친해지는 건 단순히 도움을 받기 위해서가 아니라, 함께 배우고 성장하는 관계를 만드는 거야. 나중에 네가 선배가 되었을 때도 그 마음을 후배에게 나눠주면 좋겠어."

건강 관리는
무엇이 핵심일까요?

건강은 누구에게나 소중한 자산이지만, 특히 바쁘게 생활하는 고등학생들에게는 더욱 중요한 요소입니다. 고등학교 시기는 하루 대부분을 수업과 과제, 활동에 투자해야 하는 시기이므로, 체력과 정신력이 받쳐 주지 않으면 학업과 생활 전체가 흔들리게 됩니다. 건강 관리에서 가장 중요한 키워드는 균형입니다. 규칙적인 운동, 올바른 식습관, 충분한 수면, 긍정적인 마음가짐이 서로 균형을 이룰 때 비로소 몸과 마음이 함께 튼튼해집니다.

운동은 활력 유지에 기본이 되는 활동입니다. 매일 20~30분 정도 몸을 움직이는 습관을 가지면 체력이 유지될 뿐만이 아니라 스트레스 해소에도 큰 도움이 됩니다. 체력이 길러져야 긴 수업 시간에 집중할 수 있고, 입시 준비의 긴 여정을 버틸 힘도 생깁니다. 제가 근무하는 학교에서는 아침 등교 시간에 선생님과 학생들이 운동장에서 간단히 러닝을 하면서 하루를 시작하기도 했습니다. 이런 작은 습관이 활력을 유지하는 방법이 됩니다.

식습관 역시 무시할 수 없습니다. 바쁜 일상에서 패스트푸드나 탄산음료로 끼니를 때우는 경우도 많지만, 이는 장기적으로 몸의 리듬을 깨뜨리고 집중력에도 악영향을 줍니다. 채소와 과일, 단백질이 고르게 포함된 식단을 유지하는 것이 중요합니다. 특히 시험 기간에 패스트푸드와 에너지 드링크에만 의존하다가 정작 시험 당일 컨디션이 나빠지는 경우도 자주 있습니다. 학업 성취를 위해서라도 균형 잡힌 식습관은 필수입니다.

수면도 빼놓을 수 없습니다. 시험 준비를 위해 밤을 새우는 학생이 많지만, 충분하지 못한 수면은 오히려 기억력과 집중력을 떨어뜨립니다. 정해진 시간에 자고 일어나는 규칙적인 생활 패턴을 지켜야 합니다. 시험공부하다 늦게 잠들기와 일찍 일어나서 시험공부하기 둘 중 하나를 고르라면, 일찍 일어나서 시험공부를 하는 것을 권하고 싶습니다. 뇌는 그때 더 활성화되기 때문입니다.

자율학습을 마치고, 학원을 마치고 집에 와서 먹는 야식, 핸드폰 게임 등은 사실 수면에 큰 방해가 되기 때문에 스스로의 조율이 필요합니다. '공부 시간이 성적'이 아니라, '집중할 수 있는 힘이 성적'이라는 점을 부모와 학생 모두가 기억하는 것이 중요합니다.

마지막으로 정신 건강은 신체 건강만큼 중요합니다. 친구나 선생님과의 관계에서 생긴 고민을 혼자 짊어지기보다 대화를 통해 나누는 것이 필요합니다. 스트레스 때문에 힘들어하는 학생을 많이 보았습니다. 어린 나이인데도 여러 이유로 잠을 들지 못해서 불면증으로 약을 먹거나, 탈모가 생기는 일도 보았습니다.

아직도 많은 부모님들께서 정신과 치료에 대해 거부감을 갖고 있습니다. 호르몬의 영향으로 정신 건강에 문제가 있는 경우도 있고, 약물 치료와 상담을 통해 불안감이나 스트레스를 이겨내는 경우도 있습니다. 정신과 치료에 대한 막연한 거부감을 갖지 않는 것이 좋습니다.

마음이 안정되어야 배움의 과정도 즐겁고 지속 가능해집니다. 음악 감상, 산책, 취미 활동 등 자신만의 스트레스 해소법을 찾을 수 있도록 도와주시면 큰 힘이 됩니다.

자녀에게 이렇게 말해 주세요

"공부도 중요하지만, 그걸 해낼 힘은 네 건강에서 나온단다. 하루에 조금이라도 몸을 움직이고, 패스트푸드 대신 균형 잡힌 식사를 하며, 밤을 새우지 않고 충분히 자는 습관을 들여야 해. 시험을 앞두고는 습관적으로 에너지 음료를 마시는 것보다 규칙적인 생활을 하는 것이 훨씬 더 큰 힘을 줘. 또 힘든 일이 있으면 혼자만 안고 있지 말고, 꼭 누군가와 나누어 보렴. 네가 건강해야 공부도, 친구 관계도, 모든 게 잘 풀려나간다는 걸 기억해 줘."

스트레스 관리는
어떻게 할까요?

고등학교 생활은 학업, 입시, 친구 관계, 진로 문제 등으로 인해 스트레스를 받는 경우가 많습니다. 사실 스트레스는 피할 수 없는 일입니다. 하지만 어떻게 관리하느냐에 따라 학생의 성장 곡선이 달라집니다. 학생들에게 스트레스는 '없애야 하는 것'이 아니라, '관리하고 다스릴 줄 알아야 하는 것'입니다.

실제로 적절하게 스트레스를 관리하는 학생들의 사례를 보게 되면, 축제 활동에 열심히 참여하거나 운동을 열심히 하는 학생입니다. 이런 아이들은 교우 관계나 부모 관계가 좋아 비교적 학업 스트레스가 적습니다.

자녀에게 이렇게 말해 주세요

"공부가 힘들 때는 잠깐 멈춰도 괜찮아. 네가 너무 지쳤을 때는 머리보다 마음이 먼저 쉬어야 하거든. 잠깐 산책하거나 좋아하는 음악을 들어도 좋아. 그리고 괜찮은 척하지 않아도 돼. 엄마(아빠)는 네가 힘들다고 솔직하게 말해 주는 게 더 고마워."

고등학교 수업은
중학교와 어떻게 다른가요?

중학교에서 고등학교로 올라가는 것은 단순히 학년이 하나 올라가는 일이 아닙니다. '공부하는 방식 자체가 바뀌는 순간'입니다. 학생들이 체감하는 건 수업 시간이 50분으로 길어졌다는 것이지만, 더 중요한 건 '사고력 중심의 수업 구조'로 바뀐다는 것입니다. 그래서 고등학교에 들어온 아이들이 가장 먼저 하는 말이 "열심히 하는데, 왜 잘 안되는지 모르겠어요."입니다.

중학교에서는 주로 교사가 제시한 내용을 이해하고 외우는 방식의 학습이 많았습니다. 하지만 고등학교에서는 '이해'에서 한 걸음 더 나아가, 지식과 지식을 연결하고 스스로 생각하는 능력을 요구합니다. 중학교 국어 수업이 작품 내용을 파악하는 데 중점을 뒀다면, 고등학교 국어는 '작품과 시대의 관계', '작가의 의도', '문학사적 의미'까지 함께 이해해야 합니다. 그만큼 학생이 단순히 '무엇을 아는가'보다 '왜 그렇게 생각하는가'를 스스로 표현할 수 있는 것이 중요합니다.

시험에서도 차이가 있습니다. 중학교는 단순한 지식을 확인하는 문제, 고등학교는 지식을 종합적으로 이해하고 탐구해야 해결할 수 있는 문제 중심입니다. '정답을 고르는 시험'이 아니라 '내 생각을 논리적으로 쓰는 시험'으로 바뀌는 것입니다. 또 수업 중 직접 다루지 않은 지문이나 문제를 출제하는 경우도 많습니다. 즉, 교과서 이상의 사고력과 응용력이 필요합니다. 이런 이유로 중학교 때와 같은 '암기 중심 공부법'으로는 좋은 성과를 내기 어렵습니다. 중학교에서 전교

1등이던 학생이 고등학교에 와서 성적이 떨어지는 이유도 바로 여기에 있습니다.

고등학교 공부는 '문제집 풀이'보다 '사고력과 표현력'을 키우는 방향으로 접근해야 합니다. 수업 시간의 토론, 발표, 글쓰기 활동에 적극적으로 참여할수록 생활기록부에도 좋은 기록이 남고, 실질적인 학습력도 함께 자랍니다.

과목별로 공부와 수업이 어떻게 달라지는지 살펴보겠습니다.

1)국어

- 중학교: 교과서 중심으로 작품의 내용과 표현을 이해하는 수준의 학습. 핵심 정리, 개념 암기, 문제 풀이 위주.
- 고등학교: 작품의 배경, 작가 의도, 문학사적 의미까지 분석. 다양한 제재를 비교하고 비판적으로 수용. 논리적 글쓰기와 서술형 평가 비중 확대.
- 학습 전환 포인트: 단순히 '정답 찾기'가 아니라, '이유 설명하기'로 전환. 작품과 사회·역사·철학적 맥락을 함께 보는 통합 사고력 필요.

2)수학

- 중학교: 공식과 풀이 과정을 익히고 문제 유형을 반복 학

습. 개념 응용은 제한적.

- 고등학교: 개념의 원리를 바탕으로 복합 문제를 해결. 사고 과정과 논리 전개를 중시하는 서술형 평가 확대.
- 학습 전환 포인트: '공식 암기'에서 '개념 이해'로 전환. 오답 분석과 풀이 과정 점검 습관 필수.

3)영어

- 중학교: 단어 암기, 문법 학습, 교과서 지문 중심의 독해. 듣기·말하기 평가는 일상 회화 중심.
- 고등학교: 비판적 사고가 필요한 지문 독해, 다양한 주제의 비문학·논설문 분석. 말하기·쓰기 평가 비중 증가.
- 학습 전환 포인트: 단순한 '정답 독해'에서 '의미 파악과 의견 표현'으로 확장. 영어로 생각하고 말하는 연습 필요.

4)사회(역사)

- 중학교: 교과서 핵심 내용 중심으로 사건·용어를 암기. 주어진 자료를 이해하는 수준.
- 고등학교: 개념 간 관계와 인과 분석, 시사 이슈와 연계. 다양한 자료 해석형 문항(그래프·기사·사료) 출제.
- 학습 전환 포인트: 암기보다 '이유와 맥락'을 중심으로 사고. 사회 현상에 대한 자신의 의견을 글로 표현하는 연

    2부 | 고등학교 생활과 공부법

습 필요.

5)과학

- 중학교: 실험 결과를 확인하고 개념을 익히는 수준. 단답형 문제 중심.
- 고등학교: 과학 개념을 원리 수준으로 이해하고, 실험·탐구 과정을 해석. 수학적 분석과 논리적 설명 강조.
- 학습 전환 포인트: '결과 확인형 실험'에서 '문제 해결형 탐구'로 전환. 실험의 목적, 변수, 결론을 스스로 설명할 수 있어야 함.

수업 태도가 성적의 핵심입니다. 중학교 때처럼 '시험 직전 공부'보다는 수업 집중도와 참여도를 꾸준히 높이도록 부모님께서 격려해 주세요. 그리고 암기보다 사고력 중심 학습으로 방향을 바꾸는 것이 중요합니다. 이를 위해서는 글쓰기, 토론, 발표 기회를 꾸준히 가져야 합니다. 교외체험학습보다 교실 수업이 우선입니다. 학교 수업은 대학 입시뿐 아니라 학생부 기록, 탐구 습관과도 직결됩니다.

고등학교 공부, 어떻게 하면 좋을까요?

고등학교 공부는 중학교 때처럼 '열심히만 한다고' 해서 바로 성과가 보이지 않습니다. 과목별로 공부의 방향과 깊이가 달라지고, 단순 암기보다는 사고력·이해력 중심의 학습이 필요합니다. 그리고 과목마다 접근 방법을 달리해야 합니다. 하나씩 살펴보겠습니다.

1) 국어

고등학교에 올라와서 가장 큰 충격을 받는 과목이 국어입니다. 3월 학력평가에서 "시간이 너무 부족했어요." "지문이 너무 길고 어려워요."라는 말을 자주 합니다. 중학교에서는 작품의 수가 적고 기본 개념이나 암기로도 좋은 성적을 받을 수 있지만, 고등학교에서는 지문의 양이 많아지고, 사고력과 분석력이 함께 요구됩니다.

국어 공부는 단기간에 실력이 오르지 않기 때문에 꾸준히 읽는 습관과 지문의 구조를 파악하는 훈련이 중요합니다. 하루에 2~3세트 정도 문제를 풀되, 단순히 '정답 확인'보다 왜 틀렸는지, 지문이 어떤 방식으로 전개되었는지를 분석하는 것이 핵심입니다.

2)영어

중학교 어휘는 약 1,500개 수준이지만, 고등학교에서는 최소 4,500개 이상의 어휘를 알아야 합니다. 수능과 내신 모두 어휘력이 가장 중요한 기초이므로, 매일 꾸준히 단어를 암기하고, 문장 속에서 활용법을 익히는 것이 좋습니다. 시중의 단어장을 이용하는 방법 외에도 본인의 단어장을 따로 만들어서 쉬는 시간 틈틈이 암기에 활용하면 더 좋습니다.

영어 공부의 핵심은 '패턴과 문법의 반복'입니다. 모의고사나 기출문제를 통해 문장 구조를 익히고, 독해의 논리 흐름을 파악하는 연습을 병행하세요. 특히 고등학교 영어는 단순

해석보다 '문장 간 관계'를 이해해야 하므로, 문법 학습도 소홀히 하지 않는 것이 중요합니다.

3)수학

수학은 고등학교에서 가장 포기자가 많이 생기는 과목입니다. 중학교에서는 교과서 예시나 유사 문제만 익혀도 점수가 나왔지만, 고등학교에서는 개념을 변형하고 응용하는 문제가 많습니다. 따라서 단순히 문제를 많이 푸는 것보다, 공식의 원리와 과정을 정확히 이해해야 합니다. 한 문제를 풀더라도 '이 공식을 왜 적용했는지', '다른 방법으로는 풀 수 없는가'를 스스로 설명할 수 있어야 합니다.

수학은 하루를 쉬면 감이 떨어지는 과목입니다. 매일 조금씩이라도 손으로 푸는 습관이 중요합니다.

4)사회

고등학교 '통합사회'는 이름처럼 여러 과목이 합쳐진 과목입니다. 한 단원 안에 지리·정치·경제 관련 내용이 함께 등장합니다. 교과서 내용 자체는 어렵지 않지만, 개념 간의 연계와 사고의 흐름을 이해하지 못하면 금세 혼란스러워집니다. 예를 들어 '인권'이라는 개념을 배울 때, 시민혁명·헌법·시장경제까지 연결해서 생각해야 합니다. 따라서 단순 암기보다는 개념 간 관계를 도식화하거나, 핵심 키워드를 중심으로 노트 정리하는 것이 좋습니다.

교과서 자료(그래프, 지도, 통계)를 분석하는 연습을 병행하면 통합사회는 훨씬 흥미로운 과목이 됩니다.

5)과학

'통합과학'은 물리·화학·생명과학·지구과학을 하나로 묶은 과목입니다. 개념 자체는 어렵지 않지만, 서로 다른 개념 간의 연관성을 이해하지 않으면 응용 문제에서 어려움을 느끼게 됩니다.

교과서에 등장하는 실험이나 탐구활동은 단순 참고용이 아니라, 과학적 사고 과정을 훈련하기 위한 도구입니다. 예를 들어, 등가속도 운동을 배우려면 '힘'과 '운동 법칙'의 관계를 함께 이해해야 합니다.

과학은 개념을 단편적으로 외우기보다, '왜 그런 현상이 일어나는가'를 스스로 설명할 수 있을 때 진짜 실력이 됩니다. 탐구·실험 활동에 적극적으로 참여하고, 수업 후에는 배운 개념을 다시 정리하는 시간을 가지기를 바랍니다.

고등학교 공부는 '양'보다 '꾸준함'이 승부를 가릅니다. "성적 올랐니?"보다는 "오늘은 어떤 개념이 어려웠니?" 같은 질문으로 대화를 열어 주세요. 성적보다 과정 중심의 학습 태도를 칭찬해 주면, 자녀가 스스로 공부의 의미를 찾아갑니다.

자녀에게 이렇게 말해 주세요

"고등학교 공부는 양도 많고 어렵지만, 방향만 잘 잡으면 분명히 따라갈 수 있어. 하루에 조금씩 꾸준히, 개념을 정확히 이해하면서 공부하면 돼. 문제를 많이 푸는 것보다 '왜 이렇게 되는지'를 생각해 보는 게 더 중요하단다."

고등학생이 알려주는 "미리 본 고등학교 공부"

현재 고등학생이 알려주는 과목별 공부 노하우도 따로 정리해 보았습니다. 첫 번째는 포항제철고등학교 황예리 학생의 글입니다.

1)국어: "꾸준함이 실력을 만든다."

국어는 무엇보다 꾸준함이 가장 중요한 과목입니다. 단기간에 성과를 기대하기보다는 장기적인 계획을 세우고 습관처럼 공부를 이어가는 태도가 필요합니다. 문제를 많이 푸는 것도 좋지만, 매번 해설을 꼼꼼히 확인하고 작품의 의미를 깊이 이해하려는 과정이 꼭 필요합니다. 단순히 '감'을 유지한다는 이유로 기계적으로 문제만 푼다면 결국 남는 것이 없습니다. 매회 정리하고 쌓아 둔 학습 내용은 앞으로 새로운 작품을 만날 때 다양한 사고의 방향을 열어 주는 밑거름이 됩니다.

2)영어: "익숙함이 자신감을 키운다."

영어 공부의 핵심은 꾸준함과 익숙함입니다. 여기서 익숙함이란 영어에 자주 노출되는 것을 의미합니다. 영어 단어와 구문을 평소에 반복해서 접하며 언어 자체에 익숙해지는 연습을 해야 합니다. 특히 자투리 시간을 활용해 단어를 암기하면 실전에서 큰 도움이 되고, 다양한 지문도 훨씬 자연스럽게 받아들일 수 있습니다. 익숙함이 쌓일수록 읽기와 듣기, 나아가 문제 풀이 전반에서 자신감이 생깁니다.

3)수학: "개념을 이해하고 과정을 정리한다."

수학은 개념의 정확한 이해와 탄탄한 기초가 출발점입니다. 개념을 확실히 이해한 후, 그 개념이 적용된 여러 유형의 문제를 풀면서 체화해야 합니다. 풀이 과정을 스스로 정리하고, 제한된 시간 안에 정확하게 풀어내는 연습을 병행하는 것이 좋습니다. 실제 시험에서는 시간 안배 능력이 매우 중요하기 때문입니다. 평소에 쌓아 온 학습량과 연습의 깊이가 실전에서의 침착함과 정확성을 만들어 줍니다.

4)사회: "암기보다 맥락 이해가 먼저다."

사회 과목은 흔히 암기 과목으로 여겨지지만, 암기보다 먼저 이해가 필요합니다. 내용을 맥락 속에서 연결해 이해하고, 다른 주제나 사례에 적용해 보는 힘을 길러야 합니다. 이렇게 개념 간 관계를 이해하면 암기는 자연스럽게 따라옵니다. 이후에는 단권화 노트나 개념 요약 정리를 꾸준히 반복하면서 복습하는 것이 효과적입니다. 사회 과목에는 그래프나 통계 자료가 자주 제시되므로, 자료를 읽고 해석하는 연습을 병행하면 훨씬 탄탄한 실력을 갖출 수 있습니다.

5)과학: "원리를 이해하고 응용으로 확장한다."
과학은 전체적인 원리를 먼저 이해한 뒤 문제 해결로 확장하는 공부 방식이 효과적입니다. 공식을 단순히 외우기보다 공식이 만들어지는 원리를 이해하고 넘어가는 학습이 필요합니다. 문제를 풀 때는 단계를 정확히 나누어 차근차근 접근하는 습관이 중요합니다. 이런 과정을 반복하다 보면 개념이 더 단단해지고, 응용 문제에서도 흔들림 없이 접근할 수 있는 힘이 생깁니다.

두 번째는 포항제철고등학교 이예준 학생의 글입니다.

1)국어: "익숙함이 실력이다."
국어는 한 번 재미를 붙이면 오르기도, 유지하기도 쉬운 과목입니다. 문항 형식이 일정하기 때문에 '익숙해지는 것'이 가장 중요합니다. 고등학교에 진학하기 전, EBS의 강의와 교재로 독서와 문학의 개념을 미리 공부를 해두면 도움이 됩니다. 특히 문항의 선지 표현은 반복되는 경우가 많아, 구조를 이해하고 틀을 잡아두면 훨씬 수월하게 공부할 수 있습니다. 입학 후에는 학원이나 인강의 커리큘럼을 꾸준히 따라가며 기출문제와 교재를 일정량 풀어 가는 것이 가장 확실한 방법입니다. 국어는 단기 성과보다 '꾸준함'이 실력을 만드는 과목이라는 점을 꼭 기억하세요.

2)영어: "기본기와 꾸준함이 답이다."

중학교 때는 영어가 쉽다고 느끼지만, 고등학교에서는 난이도 차이가 꽤 큽니다. "영어는 괜찮겠지" 하다가 예상보다 어렵게 느껴지는 경우가 많습니다. 그래서 고등학교에 올라가기 전, 단어와 기본 구문 해석 능력을 탄탄히 다져두는 것이 필요합니다. 기본기가 잡힌 다음에는 기출문제와 다양한 문제집을 꾸준히 풀며 실전 감각을 익히는 것이 중요합니다. 특히 영어는 잘하는 친구들이 많기 때문에, 내신 경쟁에서 좋은 성적을 얻으려면 '꾸준함'이 필수입니다. 영어는 감을 잃기 쉬운 과목이라 하루라도 손을 놓지 말고, 내신 대비 때는 암기와 반복에 집중해 보세요.

3)사회: "개념을 이해하고, 손으로 설명하라."

사회 과목은 '개념이 전부'라고 해도 과언이 아닙니다. 고등학교 입학 전부터 미리 공부할 필요는 없지만, 내신과 모의고사를 준비할 때는 개념을 꼼꼼히 반복해서 정리하는 것이 핵심입니다. 저는 인강과 학교 수업을 병행하며 개념만 3회독 했습니다. 사회는 지엽적인 내용이 많기 때문에, 선생님이 강조하신 부분 위주로 암기 범위를 정하는 것이 효율적입니다. 개념 공부가 끝나면 기출문제집을 풀며 헷갈리는 선지를 따로 정리하고, 특히 백지나 칠판에 키워드만 써놓고 스스로 설명하는 연습을 하면 약한 부분을 쉽게 파악할 수 있습니다. 이 과정이 사회탐구 공부에서 가장 중요한 단계입니다.

문해력을 기르려면
어떻게 해야 할까요?

요즘 문해력 저하에 대한 기사가 많습니다. 학교 현장에서도 기사의 내용이 과장이 아니라고 생각될 정도로 학생들의 문해력 저하는 심각합니다. 가장 절실하게 느끼는 변화는 '읽는 힘의 차이'입니다.

문해력이 부족한 학생들은 교과서나 지문을 끝까지 읽어도 내용의 구조를 놓치거나, 낯선 용어에서 멈춰버립니다. 긴 문장을 읽는 힘이 약하다는 건 생각의 흐름을 따라가는 힘이 약하다는 뜻입니다. 스마트폰과 짧은 영상에 익숙한 세대라 긴 글을 읽고 맥락을 파악하는 것을 힘들어 하는데, 이는 고등학교에서의 국어 실력으로 반영됩니다.

문해력을 높이는 첫걸음은 '읽는 방식'을 바꾸는 것입니다. 끊어 읽기, 핵심어 찾기, 문단 요약은 단순한 국어 공부의 기법이 아니라, 사고의 구조를 정돈하는 훈련입니다. 긴 글을 읽을 때 주어와 서술어를 중심으로 문장의 의미를 정확히 잡고, 그 문장이 앞 문장과 어떤 관계를 맺는지를 확인하면서 읽는 습관을 들여야 합니다. 문장 속에서 핵심어를 표시하고, 문단마다 한 줄로 요약해 보는 습관만으로도 글의 중심을 파악하는 능력이 크게 향상됩니다.

그 다음으로 중요한 것은 어휘력입니다. 어휘는 단순히 단어를 많이 아는 것이 아니라, 단어의 뜻을 문맥 속에서 구체적으로 구별할 수 있는 능력입니다. 모르는 단어를 추측으로 넘기지 말고, 사전을 찾아 그 단어의 뜻을 확인한 뒤 스스로 떠올려 보는 연습을 해야 합니다. 모르는 단어를 만나게 되면, 국립국어원 홈페이지의 표준국어대사전을 활용하여 그때그때 확인하면 됩니다. 별도로 어휘 공부를 한다면 부담이 되고 꾸준히 하기 어렵지만, 그때그때 확인한다고 생각하고 찾는 습관을 들이게 되면 어휘력을 크게 늘릴 수 있습니다.

마지막으로, 꾸준함이 중요합니다. 국어는 짧은 시간에 성과가 보이지 않아 쉽게 포기하기 쉬운 과목입니다. 하지만 매일 일정량의 지문을 읽고, 정확히 이해하려는 훈련을 이어가는 학생은 반드시 변화를 경험하게 됩니다. 국어는 문장을 통해 사고하는 과목입니다. '글을 읽는 힘'이 곧 '생각하는 힘'으로 이어진다는 점을 잊지 마세요.

문해력은 단순히 국어 성적을 올리는 기술이 아닙니다. 세상을 해석하는 힘이자, 생각을 구조화하는 능력입니다. 글을 읽는 습관이 자리 잡으면, 학생은 더 깊이 이해하고 더 멀리 바라보는 사람이 됩니다. 글에 대한 이해를 바탕으로 사회와 정치, 과학을 이해하게 됩니다. 그래서 국어 실력이 모든 과목의 기초가 됩니다.

문해력은 성적이 아니라 태도의 문제이기도 합니다. 글을 끝까지 읽고 생각을 정리하는 습관을 기르는 것이 실력을 높이는 핵심입니다. 부모님이 집에서 자녀를 지도한다고 할 경우, 생각할 시간을 주고 기다리는 것이 필요합니다. 그리고 "이 문장은 어떤 뜻일까?" "글쓴이는 왜 이렇게 썼을까?"처럼 사고를 열어주는 질문도 함께한다면 더 좋습니다. 그리고 과정 중심의 격려도 잊지 마시고요. "오늘은 끝까지 읽었구나." "어휘를 스스로 찾아봤구나." 칭찬이 지속적인 동기를 만듭니다.

책이나 글 대신 디지털 영상을 즐기는 습관도 조정할 필요가 있습니다. 이때는 온 가족의 노력이 필요합니다. 퇴근을 하고 나면 쉬고 싶고, 가볍게 드라마같은 것을 보고 싶을 때가 있습니다. 그래도 아이들 앞에서는 의식적으로 핸드폰을 사용하지 않으려고 해야 합니다. 부모의 독서 습관은 가장 강력한 문해력 향상법입니다.

사교육,
꼭 필요할까요?

어려운 질문입니다. 사실 고등학교로 올라오면 학습량이 많아지고 교과 내용의 난이도도 높아지다 보니, "사교육 없이는 따라가기 어렵다." 이런 이야기를 학부모나 학생이 자주 합니다.

하지만 결론부터 말씀드리자면, 고등학교에서 사교육이 반드시 필요한 것은 아닙니다. 사교육이 문제 푸는 스킬을 가르쳐 줄 수는 있어도 본질적인 공부법을 가르쳐 주지는 못하기 때문입니다. 그리고 소위 '빡센' 학원이라고 하는 곳을 보면, 숙제량이 엄청나, 강제성을 띤 문제 풀이 연습 시간 확보라는 차원에서 학원이 기능합니다. 그래서 사교육은 상위권보다는 하위권 아이에게 더 필요합니다.

공부에서 진짜 중요한 것은 학생의 자기주도 학습 역량과 진로 목표의 명확성, 그리고 학교 수업에 대한 몰입도입니다. 학교 수업과 복습, 모의고사 분석, 교사와의 상담만으로도 충분히 좋은 성과를 내는 학생이 많습니다. 수업에서 다루는 개념을 꼼꼼히 복습하고, 학력 평가(모의고사)에서 틀린 문제의 원인을 분석하며, 교과 선생님에게 부족한 부분을 직접 질문하는 습관을 들인다면, 별도의 사교육 없이도 충분히 좋은 결과를 얻을 수 있습니다.

그런데 간혹 선생님에 따라서는 어느 정도 선행이 되어 있다고 생각해서 진도를 빨리 나가거나 설명을 간단히 하고 넘어가는 경우가 있습니다. 그래서 학교 수업을 따라가기 위해서라도 학원 수업을 들어야 한다고 말하는 학생이나 학부모도 계십니다. 하지만 이런 경우에도 반드시 학원에 다녀야 한다는 결정보다는 우선 수업하시는 선생님께 질문을 드려, 수업 속도나 설명 방식을 피드백하는 것이 낫습니다. 수업 진도에 대해 예의 바르게 말씀드린다면, 이를 나쁘게 생각하는 선생님은 없을 것입니다.

추가로 학교 수업에 대한 보완이 필요하다면 EBS 강의나 강좌, 별도로 선생님과 친구의 도움을 받는 것을 생각할 수도 있습니다.

사교육은 '필수품'이 아니라 '보완재'입니다. 공교육을 대신하는 것이 아니라, 필요에 따라 보완하는 역할을 해야 합니다. 자기주도 학습이 아직 익숙하지 않은 학생이나, 기초가 부족한 특정 과목이 있다면, 사교육의 도움을 받는 것이 효과적일 수 있습니다. 하지만 무분별한 사교육 의존은 자기 주도성을 떨어뜨리고, 시간과 체력을 빼앗아 갑니다.

요즘은 학습을 보완할 선택지가 다양합니다. EBS 강의나 온라인 강의콘텐츠 등을 활용하면 충분히 보완할 수 있습니다. EBS의 학습 Q&A 게시판은 EBS 온라인 상담교사로 선발된 현직 교사가 직접 답변하기 때문에, 단순히 강의를 듣는 것 이상의 학습 효과를 얻을 수 있습니다. 참고로 EBS에서는 학습 상담 외에도 1:1 대입 상담과 논술 첨삭도 제공하고 있습니다.

고등학교 시기의 학습은 '얼마나 많은 공부를 하느냐'보다 '얼마나 주도적으로 공부하느냐'가 중요합니다(여러번 수차례 말씀드린 사항입니다). 자기주도 학습 능력이 있는 학생은 사교육이 없어도 성장합니다. 반대로 사교육이 많아도 스스로 학습을 조정하지 못한다면 성과는 제한적일 것입니다.

'사교육 유무'보다 '학습 태도'를 살펴보세요. 자녀가 스스로 공부 계획을 세우고 실천하고 있는지가 핵심입니다. 사교육의 목표를 명확히 정하세요. 기초 보완인지, 개념 심화인지, 단순 시간 확보인지 목적이 분명해야 합니다.

그리고 학교 수업에 대한 신뢰에 힘을 보태주세요. "선생님 설명 잘 들어야지." "학교 수업이 가장 중요해." 이런 부모님의 한마디가 중요한 조언이 됩니다. 그렇지 않다면 사교육은 불안감을 맞바꾸는 역할밖에 되지 못합니다.

자녀에게 이렇게 말해 주세요

"학원이나 과외가 공부를 대신해 주는 건 아니야. 결국 공부는 네가 해야 하는 일이야. 네가 스스로 공부 계획을 세우고 학교 수업을 꼼꼼히 듣는 게 가장 중요해. 필요할 땐 도움을 받되, 의존하지는 말자. 너 자신이 공부의 주인이라는 걸 잊지 않았으면 해."

수능 준비는 언제부터
시작하는 것이 좋을까요?

"언제부터 수능 공부를 시작해야 하나요?" 질문을 많이 받습니다. 결론부터 말씀드리면, 수능 준비는 고등학교 입학과 동시에 조금씩 시작하는 것이 가장 좋습니다.

이 얘기를 하기 전에 내신 준비와 수능 준비는 어떻게 다른지를 먼저 살펴보겠습니다.

내신은 미시적으로 특정 범위(교과서, 부교재, 유인물)를 아주 깊게, 때로는 지엽적인 부분까지 암기해야 합니다. 그렇기 때문에 선생님이 강조한 필기 하나가 정답을 결정합니다. 반면 수능은 특정 교과서의 문장을 외우는 것이 아니라 거시적으로 '처음 보는 지문이나 자료'에 개념을 적용하는 능력을 측정합니다. 또 내신은 상대평가이기 때문에 변별력을 위해 '함정 문제'가 자주 나옵니다. 실수를 안 하는 것이 핵심입니다. 반면 수능은 교육과정에서 요구하는 핵심 원리를 묻는 것으로 단순 암기보다는 추론, 분석, 논리적 사고력이 중요합니다.

이런 차이에 유념해서 학년별로 무엇에 주안점을 두면 좋은지 살펴보면 다음과 같습니다.

1학년 때는 기초 학습 습관을 다지는 시기입니다. 국어·수학·영어는 모든 과목의 기초가 되기 때문에, 교과서를 중심으로 기본 개념을 정확하게 이해하고 '복습'과 '정리 습관'을 들이는 것이 수능 공부의 출발점입니다. 이 시기에 교과 개념이 제대로 잡히지 않으면, 2·3학년 때 문제 풀이로 넘어가도 흔들리게 됩니다.

2학년이 되면 과목 선택이 다양해지고, 학업 난이도가 급격히 올라갑니다. 이때는 진로와 연계된 과목을 선택하고, 수능과 관련된 과목을 중심으로 학력평가(모의고사)를 통해 실력을 점검하는 것이 중요합니다. 모의고사는 단순히 점수를 보는 시험이 아니라, 현재 자신의 위치를 확인하고 부족한 부분을 메워 가는 도구라고 생각하면 좋습니다.

3학년은 실전 대비 단계입니다. 개념 복습은 유지하되, 시간 관리와 문제 풀이 훈련이 핵심이 되어야 합니다. 또한 오답 노트를 만들어 자신이 자주 틀리는 유형을 정리합니다. 그리고 모의고사 이후에는 반드시 틀린 이유를 분석하는 습관이 필요합니다.

수능 공부는 갑자기 '시작'하는 것이 아니라, 1학년부터 기초를 쌓고, 2학년에서 방향을 구체화하며, 3학년에서 실전을 완성하는 3단계 누적형 학습이라고 생각하면 좋습니다.

내신과 수능은 '뿌리(개념)'는 같지만 '열매(평가 방식)'를 맺는 방식이 다릅니다. 학교 수업에 충실하는 것은 수능이라는 건물을 짓기 위한 '좋은 재료(개념)'를 모으는 과정이지만

　　　　　　　2부 | 고등학교 생활과 공부법

그 재료들을 가지고 '실제 건물(수능 문제)'을 올리는 설계는 별도의 연습을 필요로 합니다. 즉, 중간·기말 고사 기간에는 내신에 올인하되, 내신이 끝난 직후나 방학 때는 개념이 수능에서는 어떤 문제로 출제되는지 기출문제를 통해 확인해 보는 것이 이상적인 학습 방법입니다.

자녀에게 이렇게 말해 주세요

"수능 공부는 갑자기 하는 게 아니야. 지금 배우는 교과서 내용 하나하나가 다 수능의 기초가 된단다. 1학년 땐 기초를, 2학년 땐 방향을, 3학년 땐 실전을 쌓는 거야. 하루하루의 공부가 모여서 수능이 되는 거니까, '언제부터 시작할까?'보다 '오늘 뭘 할까?'가 더 중요하단다."

학습 플래너를
사용하는 것이 좋을까요?

고등학교 생활은 과목 수도 많고 해야 할 일도 다양합니다. 이럴 때 학생들이 가장 많이 고민하는 것이 바로 시간 관리입니다. 사실 공부를 잘하는 학생과 그렇지 않은 학생의 차이는 '시간을 얼마나 잘 쓰느냐'에서 비롯되는 경우가 많습니다. 그런 의미에서 학습 플래너는 단순한 일정표가 아니라, 자기주도학습의 필수적 도구입니다.

학습 플래너를 사용하면 하루 계획과 목표를 구체적으로 시각화할 수 있습니다. 예를 들어 "오늘 저녁에는 수학 문제집 20쪽, 영어 단어 30개, 국어 문법 복습"처럼 적어 두면 훨씬 실행력이 높아집니다. 학생 스스로 할 일을 눈으로 보고, 하나씩 체크해 나가면서 "계획 – 실행 – 점검"의 순환 구조를 만들 수 있습니다.

또한 플래너는 자기 점검의 자료가 됩니다. 공부한 내용을 기록해 두면 어떤 과목에 시간을 많이 썼는지, 어떤 부분이 부족했는지를 한눈에 확인할 수 있습니다. 시험 기간에는 이를 바탕으로 학습 균형을 조정할 수 있습니다.

학습 플래너는 심리적 보상감도 줍니다. 하루 계획을 끝내고 체크 표시를 할 때 느끼는 성취감이 학생의 동기 부여로 이어집니다. 이 작은 성공 경험이 꾸준한 학습 습관을 만듭니다.

물론 주의할 점도 있습니다. 플래너를 예쁘게 꾸미는 데 너무 많은 시간을 쓰거나, 계획만 세우고 실행하지 못한다면 오히려 역효과가 납니다. 따라서 처음에는 간단하게 주요 과목과 목표 중심으로만 작성하고, 점차 자신에게 맞도록 조정하는 것이 좋습니다.

학습 플래너는 단순한 기록지가 아닙니다. 스스로를 관리하고 성장시키는 도구입니다. 이 과정을 통해 학생은 고등학교는 물론, 대학과 사회생활에서도 필요한 자기 관리 능력을 함께 키우게 되는 것입니다.

"플래너는 공부를 더 많이 하게 하는 게 아니라, 네 시간을 '내가 주인으로' 쓰게 도와주는 도구야. 하루 계획을 적고, 실천한 걸 체크해 보자. 못 한 날이 있어도 괜찮아. 중요한 건 다시 계획 세우는 힘이야."

학교생활에서
생성형AI 어떻게 써야 할까요?

이제 "AI를 써야 하나, 말아야 하나?" 이 질문은 더 이상 논의할 주제가 아닙니다. 생성형 AI를 '어떻게 활용하느냐'가 핵심입니다. 학생들이 창의적 체험활동이나 수행평가, 진로 탐구를 준비할 때 AI를 자주 활용합니다. 하지만 단순히 AI가 제시한 주제를 그대로 사용하는 것은 바람직하지 않습니다. 그보다는 학생 스스로 몇 가지 주제를 먼저 구상해 보고, AI에게 "이 중 어떤 주제가 더 발전 가능성이 있을까?" 혹은 "두 주제를 합쳐서 더 흥미롭게 만들 수 있을까?"처럼 아이디어 확장 도구로 활용하는 것이 좋습니다.

다만 한 가지 주의할 점이 있습니다. AI의 답변이 언제나 완벽하지는 않다는 것입니다. 실제로 존재하지 않는 논문이나 자료를 제시하거나, 사실과 다른 내용을 그럴듯하게 표현하기도 합니다. 따라서 AI가 제시한 정보를 그대로 받아들이기보다, 학생 스스로 비판적으로 검토하고, 다른 자료와 교차 확인하는 습관이 필요합니다.

생성형 AI는 학생들의 적이 아니라, 잘 쓰면 강력한 공부 도구입니다. 시험공부 계획을 세울 때도 "이번 주 국어, 영어, 수학 복습 계획을 세워 줘." 요청하거나, "내가 해야 할 일 중 우선순위를 정리해 줘."처럼 학습 관리 도우미로 활용할 수 있습니다.

대입에서 면접 전형이 있는 경우 생활기록부의 자료를 제공하면 생성형 AI가 면접 예비 문항을 제공해 주고, 참고할 수 있는 답변을 제공해 주는 등 좋은 도우미로 역할을 합니다.

자녀에게 AI 사용을 막기보다, '어떻게 쓰면 좋은지' 방향을 함께 잡아 주세요. 자녀가 AI에게 질문한 내용과 답변을 함께 검토하며 대화의 기회로 활용하세요. AI가 제시한 결과

　　　　　　　　2부 | 고등학교 생활과 공부법

를 그대로 제출하지 않도록, 출처 확인과 자기 언어로의 재구
성 습관을 만들어 주시는 것도 잊지 마시고요.

자녀에게 이렇게 말해 주세요

"AI는 너를 대신해서 공부해 주는 도구가 아니라, 네 생각을 정리하고 더
깊이 있게 만드는 도구야. 네가 먼저 생각하고 써 본 다음에, AI에게 '이 부
분을 좀 더 자연스럽게 바꿔 줘'라고 부탁해. 그게 진짜 스마트한 활용이
야."

3부
—
고등학교
평가 시스템
이해

고교학점제가
무엇인가요?

2022 개정 교육과정은 기존의 2015 과정을 대체하는 새로운 교육과정입니다. 비전은 "포용성과 창의성을 갖춘 주도적인 사람"을 기르는 것이며, 이를 위해 자기관리 역량, 지식정보처리 역량, 창의적 사고 역량, 심미적 감성 역량, 협력적 소통 역량, 공동체 역량이라는 여섯 가지 핵심 역량을 제시하고 있습니다.

다만 이런 추상적인 용어들은 학부모님과 학생에게는 다소 멀게 느껴질 수 있습니다. 실제 생활 속에서 체감할 수 있는 가장 큰 변화는 바로 '고교학점제'입니다. 2022 개정 교육과정의 핵심입니다.

고교학점제는 학생이 자신의 진로와 적성에 따라 과목을 직접 선택하고 이수한 학점이 기준에 도달하면 졸업하는 제도로, 과거 모든 학생이 동일한 시간표로 공부하던 방식에서 벗어나 학생 스스로 자신만의 교육과정을 설계하는 것입니다. 학교는 이를 지원하기 위해 일반·진로·융합선택 과목은 물론 온라인 학교와 공동교육과정 등 다양한 배움의 기회를 제공하며, 수업 방식 또한 단순 지식 전달을 넘어 토론과 실습 중심의 참여형 수업을 통해 실제적인 역량을 기르는 데

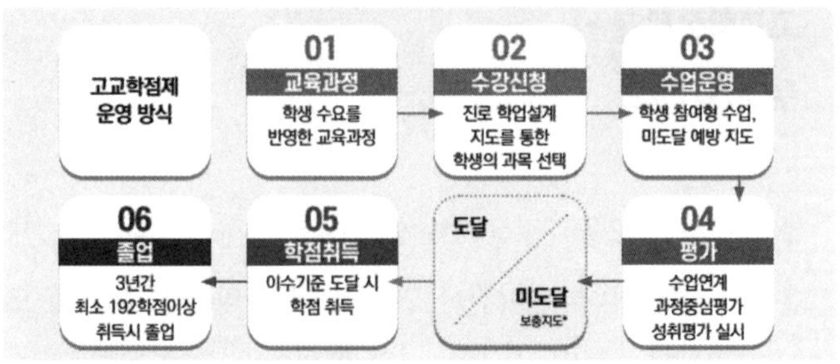

이미지 출처: 2025 신입생 학부모를 위한 고등학교 안내서 부모, 학부모가 되다
(경기도교육청)

집중합니다.

내신 평가 방식에도 변화가 생겨 사회·과학 융합선택 과목을 제외한 대부분의 과목에서 1~5등급의 석차 등급과 A~E 성취도가 함께 표기되며, 졸업을 위해서는 3년 동안 총 192학점을 이수해야 합니다. 학점 이수를 위해서는 수업 일수의 3분의 2 이상의 출석과 공통과목은 40% 이상의 학업 성취율이라는 기준을 충족해야 합니다. 미달 시에는 보충 지도를 받아야 합니다. 이때 일부 학교에서는 대입 경쟁력을 높이기 위해 법정 기준보다 더 많은 수업을 편성하여 졸업 시 약 200학점 내외를 취득하게 하는 '순증(純增)' 방식을 운영하기도 합니다. 이는 학생부종합전형 등에서 학생의 도전 정신과 심화 탐구 역량을 보여 주는 지표가 될 수 있습니다.

결국 고교학점제 체제에서는 교과 성적 못지않게 진로 탐색 과정에서의 자기주도활동이 중요해진 만큼, 학부모는 자녀가 단순히 성적을 따기 쉬운 과목을 고르기보다 미래의 진로와 연계된 과목을 탐색하고 책임감 있게 참여하여 자신만의 성장 기록을 학교생활기록부에 담아낼 수 있도록 이끌어 주어야 합니다.

자녀에게 이렇게 말해 주세요

"앞으로의 공부는 네가 직접 선택하고 책임지는 과정이야. 하고 싶은 과목, 관심 있는 활동을 스스로 찾아가 보자. 네가 선택한 길에서 성실하게 노력한다면, 그것이 진짜 힘이 될 거야."

"고등학교에서는 네가 직접 과목을 선택하고 책임 있게 수업에 참여해야 해. 수업에 성실히 참여하는 게 무엇보다 중요하단다."

고교학점제에 대한 이해와 활용 체크리스트-학생용

아래 다섯 가지 질문에 대해 자녀와 진솔하게 대화를 나눈다면, 고교학점제 속에서 자녀 스스로 자신에게 맞는 교육과정을 찾아가는 데 큰 도움이 될 것입니다.

◎ 나는 어떤 과목을 공부할 때 흥미와 호기심을 가장 많이 느끼는가?

⊘ 장래 희망이나 관심 분야와 직접 연결될 수 있는 과목은 무엇인가?

⊘ 내가 스스로 학습 계획을 세우고, 생활 리듬을 책임 있게 관리할 준비가 되어 있는가?

⊘ 우리 학교에서 개설되지 않는 과목을 공동교육과정이나 온라인 수업으로 배워 볼 의지가 있는가?

⊘ 과목을 선택할 때 단순히 점수만이 아니라, 나의 적성과 진로를 함께 고려하고 있는가?

고교학점제에 대한 이해와 활용 체크리스트-학부모용

아래 다섯 가지 질문은 부모의 마음가짐을 점검하는 출발점입니다. 고교학점제는 단순한 제도가 아니라, 자녀가 스스로 배우고 선택하며 책임지는 훈련의 장입니다. 부모가 안내자이자 든든한 조력자가 되어 줄 때, 아이는 훨씬 더 안정적으로 자신의 길을 걸어갈 수 있습니다.

⊘ 자녀가 과목을 선택할 때, 내 기대보다 아이의 적성과 흥미를 우선시하고 있는가?

⊘ 자녀가 스스로 학습 계획을 세우고 실천할 수 있도록, 지나친 간섭이 아니라 조력자의 역할을 하고 있는가?

⊘ 학교와 교육청에서 제공하는 고교학점제 정보를 충분히 이해하고, 자녀에게 올바른 정보를 전달하고 있는가?

⊘ 내 아이가 선택한 과목이 당장에는 성적이나 입시에 유리하지 않더라

도, 장기적인 성장과 진로에 도움이 된다면 신뢰와 지지를 보낼 수 있는
가?

⊘ 자녀가 실패나 시행착오를 겪더라도, 그것을 성장 과정으로 받아들이
며 격려할 마음의 준비가 되어 있는가?

교육과정의 편제는
어떻게 되나요?

고교학점제의 핵심은 바로 교육과정의 편제입니다.

예전에는 학생들의 '학습력'이 무엇보다 중요했습니다. 학
습력이 뛰어난 학생들이 모여 있는 학교, 야간자율학습을 늦
게까지 하며 공부할 수 있는 학교를 좋은 고등학교로 여겼습
니다. 그러나 2022 개정 교육과정이 전면 적용되면서 상황
은 크게 달라졌습니다. 이제는 학생의 '학습력'보다 학교가
얼마나 다양한 교육과정을 운영하고 있는가, 즉 학교의 '교육
력'이 더욱 중요한 평가 기준이 되었습니다.

교육과정 편제는 크게 교과와 창의적 체험활동으로 구분
됩니다. 학생들은 3년 동안 교과 174학점과 창체 18학점을
이수해야 졸업할 수 있습니다. 일반고와 특목고는 보통교과

를 중심으로, 특성화고는 전문교과를 중심으로 배웁니다. 특히 2022 개정 교육과정에서는 모든 과목이 학기 단위로 운영되기 때문에, 한 학기에 수강한 과목은 다음 학기에는 새로운 과목으로 바뀌게 됩니다. 이는 학생이 자신만의 시간표를 설계할 수 있다는 점에서 큰 변화라 할 수 있습니다.

예를 들어, 공통국어·공통수학·공통영어, 한국사, 통합사회, 통합과학, 과학탐구실험 같은 공통과목은 대부분 모든 학생이 1학년 때 이수합니다. 이후 2, 3학년이 되면 진로와 적성에 따라 일반선택·진로선택·융합선택 과목을 자유롭게 수강하게 됩니다. 이 과정에서 학생들은 자신만의 학업 경로를 만들어 갑니다.

학교의 교육과정 편제를 확인하는 방법은 크게 두 가지입니다. 하나는 해당 학교 홈페이지를 확인하는 것입니다. 대부분의 학교에서는 홈페이지에서 교육과정 편제표를 제시하고 있습니다. 또 하나의 방법은 '학교알리미'를 확인하는 것입니다. 학교알리미 홈페이지에서는 학교에 대한 다양한 공시 정보를 제공하고 있으며, 제공 정보 중에는 교육과정 편제표도 포함되어 있습니다.

실제로 편제표를 볼 때는 무엇을 중점적으로 살펴야 할까요? 첫째, 공통수학1·2, 통합과학1·2와 같은 기초 과목이 어떤 방식으로 배치되어 있는지 확인해야 합니다. 이를 두 학기로 나누어 운영하는 학교도 있고, 한 학기에 몰아서 운영하는 학교도 있습니다. 전자의 경우 학습 부담이 상대적으로 분산되지만, 후자의 경우 학생이 한 학기에 집중적인 공부를 해야 합니다. 자녀의 학습 성향과 강약점을 고려해 어느 쪽이 적절한지 살펴보는 것이 필요합니다.

☆☆ 고등학교								
구분	교과 영역	교과	과목	유형	기본 학점	운영 학점	1학년 1학기	1학년 2학기
학교 지정	기초	수학	공통 수학1	공통	4	4	4	
			공통 수학2	공통	4	4		4
				:	:	:	:	
학교 지정	탐구	과학	통합 과학1	공통	4	4	4	
			통합 과학2	공통	4	4		4

예를 들어 ☆☆고등학교는 공통수학1을 1학년 1학기에 4학점으로 배우고, 공통수학2는 1학년 2학기에 4학점으로 배우는 것을 알 수 있습니다. 통합과학 역시 마찬가지로 통합과학1은 1학년 1학기에 4학점으로 배우고, 통합과학2는 1학년 2학기에 4학점으로 배우는 것을 알 수 있습니다.

○○ 고등학교								
구분	교과 영역	교과	과목	유형	기본 학점	운영 학점	1학년 1학기	1학년 2학기
학교 지정	기초	수학	공통 수학1	공통	4	3	3	
			공통 수학2	공통	4	3	3	
				⋮	⋮	⋮		
학교 지정	탐구	과학	통합 과학1	공통	4	3	3	
			통합 과학2	공통	4	3	3	

그런데 ○○고등학교는 공통수학1과 공통수학2를 1학년 1학기에 각 3학점씩 총 6학점으로 배우고, 통합과학1과 통합과학2도 1학년 1학기에 각 3학점씩 총 6학점으로 배웁니다.

☆☆고등학교의 경우 학습 부담이 상대적으로 분산되지만, ○○고등학교의 경우 학생이 한 학기에 집중적인 공부를 해야 합니다. 이때 자녀의 학습 성향과 특성을 고려해 어느 쪽이 적절한지 살펴보는 것이 필요합니다.

편제표를 볼 때 또 하나 중요한 점은 개설 과목의 다양성입니다. 어떤 학교는 100개 이상의 과목을 개설하여 학생에게 폭넓은 선택권을 주는 반면, 소규모 학교는 상대적으로 적은 수의 과목만 운영하기도 합니다. 통계에 따르면 전국 단위 자사고 6개교의 평균 개설 과목 수는 약 105개, 서울 자사고 10개교는 약 100개, 서울의 소규모 일반고는 약 98개, 지방 소규모 일반고는 약 76개 과목 수준입니다. 선택 과목의 폭이 넓을수록 학생은 자신의 진로와 적성에 맞는 수업을 고를 수 있습니다. 반면 과목 수가 제한적이라면 진로 탐색의 기회가 줄어들게 됩니다.

자녀의 진로와 연계되는 과목의 개설 여부도 확인해야 합니다. 단순히 과목 수가 많은 것이 아니라, 자녀가 희망하는 진로와 연결된 과목이 실제로 개설되어 있는지가 중요합니다. 예를 들어, 의학이나 과학 계열에 관심 있는 학생이라면 과학 교과의 실험 과목이나 심화 과목이 편제되어 있는지, 인문 사회 계열에 관심 있는 학생이라면 사회 교과의 과목이 다양하게 개설되어 있는지를 살펴야 합니다.

창의적 체험활동(창체)의 운영도 중요합니다. 교과는 학점으로 계산되지만, 창체 활동은 학생부에 비교과 영역으로 기록되며 대학 입시에서 학생의 태도와 성장 과정을 보여 주는 중요한 자료가 됩니다. 동아리 활동, 봉사활동, 진로 탐색 활동 등이 어떻게 편성되어 있는지, 실제 운영이 활발한지를 살펴보는 것이 좋습니다.

　　　　　3부 | 고등학교 평가 시스템 이해

학기별 학점 이수 총량도 확인해야 합니다. 학교에 따라 학기당 기본 학점보다 더 많은 학점을 이수하여 졸업할 때 192학점이 아닌 200학점 이상을 취득하도록 하기도 합니다. 이런 '순증 편성'은 대학 입시에서 긍정적으로 평가될 수 있지만, 학생 입장에서는 학습 부담으로 다가올 수 있습니다. 따라서 단순히 "많이 배우니까 좋다"라는 생각보다, 우리 아이의 학습 리듬에 맞는지 함께 고민하는 것이 중요합니다.

주요 교과목은
어떤 변화를 겪나요?

- 국어: 비판적 사고 역량과 서술·논술 능력을 갖출 수 있도록 '주제 탐구 독서', '독사 토론과 글쓰기' 등 독서·작문 연계 활동을 강화하는 과목 신설
- 수학: 학생의 적성과 진로 등에 따른 '실용 통계', '수학과 문화', '직무 수학' 등 다양한 선택 과목 신설
- 영어: 학생의 진로를 고려한 '직무 영어', '영어 발표와 토론' 등 진로선택 과목과 실생활에서 영어를 응용할 수 있는 '실생활 영어 회화', '미디어 영어', '세계 문화와 영어'의 융합선택 과목을 신설

- 사회: 학생의 진로와 적성에 따른 교육이 가능하도록 '정치와 법'을 '정치', '법과 사회'로 분리하고, '세계시민과 지리', '도시의 미래 탐구', '금융과 경제생활', '기후변화와 지속가능한 세계' 등의 선택 과목을 다양하게 배울 수 있도록 신설
- 과학: 과학 분야 및 진로·융합영역에서 다양한 과목을 개설하여 과학적 역량 함양을 강화. 일반선택은 물리학, 화학, 생명과학, 지구과학 총 4종, 진로선택은 역학과 에너지, 세포와 물질대사, 전자기와 양자, 생물의 유전, 물질과 에너지, 지구시스템과학, 화학반응의 세계, 행성우주과학 총 8종, 융합선택은 과학의 역사와 문화, 융합과학 탐구, 기후 변화와 환경생태 총 3종으로 구성

일반선택, 진로선택, 융합선택은 어떻게 다른가요?

2022 개정 교육과정은 고교학점제를 전면적으로 반영하여 학생이 스스로 과목을 선택하고, 그 선택을 통해 자신의 진로와 적성을 구체화할 수 있도록 설계되었습니다. 그 핵심은 일반선택·진로선택·융합선택이라는 세 가지 과목 체계입

니다. 이름은 비슷해 보이지만, 실제 성격과 목표는 크게 다릅니다.

첫째, 일반선택 과목은 교과의 기초와 기본을 다지는 과목입니다. 국어, 수학, 영어, 사회, 과학 등 주요 교과에서 기본적인 학업 역량을 기르는 데 초점을 맞추고 있습니다. 예를 들어 국어에서는 화법과 언어, 독서와 작문, 문학 과목이 있고, 수학에서는 대수·미적분Ⅰ·확률과 통계가 있습니다. 영어에서는 영어Ⅰ·영어Ⅱ·영어 독해와 작문이 해당됩니다. 일반선택 과목은 대부분의 학생이 공통적으로 이수하는 과목이기 때문에 대학 입시 내신 반영 비율이 높고, 수능과도 밀접하게 연결됩니다. 실제로 2028학년도 수능에서는 국어, 수학, 영어 영역에서 일반선택 과목이 지정과목으로 포함(영어 독해와 작문 제외)되어 있습니다.

둘째, 진로선택 과목은 학생의 적성과 진로에 맞게 심화하거나 확장할 수 있는 과목입니다. 국어의 주제 탐구 독서, 문학과 영상 과목, 영어의 영어 발표와 토론, 심화 영어 과목, 수학의 미적분Ⅱ, 기하, 경제 수학, 인공지능 수학 등이 진로선택 과목입니다. 진로선택 과목은 2015 교육과정에서는 절대평가였지만, 2022 교육과정에서는 5등급제 상대평가 과목입니다. 진로선택 과목은 학생이 관심 있는 분야를 깊이 탐구하고 진로와 연결할 수 있도록 돕습니다. 따라서 의학 계열,

공학 계열, 인문학 계열 등 학생의 미래 목표에 따라 어떤 진로선택 과목을 듣느냐가 고교 생활의 중요한 분기점이 될 수 있습니다.

셋째, 융합선택 과목은 여러 교과의 영역을 융합하여 새롭게 구성된 과목입니다. 대표적인 예로는 국어과의 독서토론과 글쓰기, 수학과의 수학과 문화, 영어과의 세계문화와 영어 등 입니다. 융합선택 과목은 사회과, 과학과 과목만 절대평가이고, 국어과와 영어과, 수학과의 과목은 5등급제 상대평가입니다. 이 과목들은 실제 사회 현상을 다양한 관점에서 분석하고 문제 해결 능력을 기르는 데 초점을 둡니다. 단순한 지식 암기가 아니라, 여러 교과의 지식을 연결해 사고하는 힘을 키우는 과정이라고 할 수 있습니다. 융합선택 과목은 학생이 대학이나 사회에서 직면할 복잡한 문제들을 준비하는 데 매우 의미 있는 경험을 제공합니다.

정리하자면, 일반선택은 기초를 다지는 과정, 진로선택은 개인 적성과 진로 확장의 과정, 융합선택은 통합적 문제 해결 역량을 기르는 과정입니다. 이 세 가지 과목 체계를 균형 있게 선택할 때, 고등학교 3년은 단순한 학업의 시간이 아니라 진로 탐색과 자기 성장의 시간이 될 수 있습니다.

과목 선택에서
가장 중요한 것은 무엇일까요?

과목 선택의 출발점은 언제나 진로입니다. 이미 자신의 진로가 명확하게 정해진 학생이라면, 대학이 제시하는 '전공 연계 교과이수 과목'을 반드시 참고해야 합니다. 많은 대학에서 희망 학과와 관련된 핵심 권장 과목을 안내하고 있습니다. 반면 고등학교에서 이수하는 모든 과목이 학생의 역량을 키우는 발판이 될 수 있다고 생각해, 모집 단위별 권장 이수과목을 지정하지 않은 대학도 있습니다.

가급적 '핵심 권장 과목'은 이수하는 것이 좋습니다. 학교에 개설되어 있는데도 이수하지 않았다면, 향후 불이익을 받을 수도 있습니다. '권장 과목' 역시 가능하다면 이수하는 것이 좋습니다. 따라서 학생과 학부모는 학교 교육과정을 꼼꼼히 살펴, 자녀가 진로에 필요한 과목을 빠뜨리지 않도록 관리하는 것이 중요합니다.

반대로, 아직 진로가 뚜렷하지 않은 학생이라면 흥미와 관심을 중심에 두고 과목을 선택하는 것이 바람직합니다. 다양한 과목을 경험하는 것은 스스로의 적성과 가능성을 탐색할 수 있는 소중한 기회가 되기도 합니다. "무엇을 잘할 수 있을까?"보다 "무엇을 좋아하는가?"를 우선적으로 고민해 보는 것이 필요합니다.

많은 학생들이 흔히 빠지는 고민이 있습니다. 수강자 수가 많고 쉬워 보이는 과목을 택할 것인가 하는 문제입니다. 표면적으로는 성적을 잘 받을 수 있는 유리한 길처럼 보이지만, 이런 선택은 장기적으로 진로 역량을 드러내기가 어렵습니다. 게다가 흥미가 없는 과목이라면 기대만큼 성취도가 나오지 않아 오히려 후회하는 경우도 많습니다. 예를 들어, 공학 계열 진학을 희망하면서도 물리학이 어렵다는 이유로 지구과학만 선택한 학생은 대학에서 전공 공부를 시작한 뒤 기초가 부족해 큰 어려움을 겪을 수 있습니다.

도전적인 선택은 긍정적인 의미를 가집니다. 난도가 높은 과목을 선택하여 성실히 이수하는 학생은 학업 탐구력과 도전 정신을 보여 줄 수 있고, 대학에서도 이를 우수하게 평가합니다. 특히 2025학년도 고1부터 내신이 5등급제로 바뀌면서 상위권 학생들에게는 내신 변별력이 약해집니다. 이럴 때일수록 어떤 과목을 선택했는지가 중요한 차별점이 될 수 있습니다.

그렇다고 해서, 무조건 어려운 과목을 택하는 것이 최선은 아닙니다. 성취도가 지나치게 낮으면 학업 역량에 대한 신뢰가 떨어질 수 있어서, 학생은 자신의 학업 수준과 관심, 그리고 앞으로의 진로를 모두 고려해 '적절히 도전적인 선택'을 해야 합니다.

심화 과목이나 고시 외 과목이 학교에 개설되지 않아 아쉬워하는 학부모님도 계십니다. 그러나 지나치게 '특별해 보이는 과목'을 찾을 필요는 없습니다. 주어진 교육과정 안에서 충실히 학업을 이어 가는 것 자체가 의미 있고, 필요하다면 온라인 학교나 공동교육과정을 통해 보완해도 됩니다. 중요한 것은 학생의 진지한 태도와 학업 과정에서의 성실함입니다.

자녀에게 이렇게 말해 주세요

"과목 선택은 점수 잘 받는 길을 고르는 게 아니라, 네가 어떤 길을 걸어가고 싶은지 준비하는 과정이야. 조금 어렵더라도 진로와 연결된 과목을 듣는다면 대학에서도 도움이 되고, 무엇보다 네가 원하는 공부를 할 수 있을 거야. 쉽게 갈지, 도전할지는 네 선택이지만, 그 선택이 앞으로의 너의 길을 열어 준다는 걸 꼭 기억하자."

온라인 학교나 공동교육과정을 수강해야 할까요?

고교학점제가 시행되면서 학생들은 자신의 진로와 적성에 맞게 과목을 선택할 수 있게 되었습니다. 하지만 모든 학교가 충분히 많은 과목을 개설하는 것은 아닙니다. 교사 수급이나 신청 인원이 적다는 이유로, 학생이 배우고 싶어도 과목이 열리지 못하는 경우도 생깁니다. 이때 온라인 학교와 공동교육과정이 중요한 대안이 됩니다. (공동교육과정 교실온닷 https://edu.classon.kr/)

온라인 학교는 학교에서 직접 개설하지 못하는 과목을 교육청 단위에서 모아 운영하는 방식입니다. 학생은 자신의 학교 안에서 지정된 공간에 모여, 실시간 쌍방향 온라인 수업을 듣습니다. 얼굴을 마주하며 하는 수업은 아니지만, 정규 수업처럼 출석과 과제, 평가가 진행됩니다.

공동교육과정은 다른 학교, 지역 대학, 교육청 기관 등과 연계하여 과목을 개설하는 방식입니다. 직접 해당 학교로 가서 대면 수업을 듣기도 하고, 학교 내 공간이나 가정에서 원격으로 수강하기도 합니다. 특히 공동교육과정은 평일 정규 시간 안에서 운영되기도 하지만, 야간이나 주말에 열리는 경우도 있어 학생이 다양한 시간대와 형태로 수업을 선택할 수 있다는 장점이 있습니다.

다만 이런 수업에는 반드시 책임과 부담이 따릅니다. 한 과목을 수강한다는 것은 단순히 수업만 듣는 것이 아니라, 지필평가·수행평가·에세이 작성 등 평가 과정을 모두 이수해야 함을 의미합니다. 예를 들어 2학점짜리 과목을 두 개 신청하면, 일주일에 4시간, 한 학기 16주 동안 64시간 이상을 투자해야 합니다. 즉, 자신의 자율학습 시간과 에너지를 그만큼 쏟아야 한다는 것입니다. 과연 내가 그 과목을 감당할 만한 학습 태도와 자기주도성을 가지고 있는지 점검해 보아야 합니다.

온라인 학교나 공동교육과정을 통해 이수한 과목은 학생부에 기록됩니다. 성적표의 '석차 등급'에는 석차 대신 '·' 표시가 들어가고, 비고란에 각각 '온라인학교', '공동교육과정'이라고 명시됩니다. 따라서 학생이 자기 주도적으로 진로를 탐색하고 과목 선택을 확장했다는 긍정적인 신호로 읽힐 수 있습니다. 그렇지만 이수를 하지 못하게 되면 이와 관련해서도 학교생활기록부에 기록되므로 신중하게 신청하는 것이 좋습니다.

온라인 학교와 공동교육과정은 단순히 "과목 하나 더 듣는 길"이 아니라, 자신의 미래를 위해 책임 있게 선택하는 기회입니다. 자녀가 특정 계열을 준비하면서 꼭 필요한 과목이 있다면 적극적으로 도전할 수 있도록 도와주시는 것이 좋습니다. 다만, 선택은 곧 책임이라는 사실을 명확히 인식하게 하고, 과연 지금의 생활 리듬 속에서 감당할 수 있는지 냉정하게 점검하는 것이 중요합니다.

자녀에게 이렇게 말해 주세요

"원하는 과목이 학교에 없을 때는 온라인 학교나 공동교육과정을 통해서 들을 수 있어. 하지만 과목을 듣겠다고 선택하는 순간, 공부할 시간과 책임도 네가 감당해야 해. 정말 배우고 싶은 과목이라면 힘들더라도 끝까지 책임지고 해내는 게 중요해. 그게 네 진짜 힘이 될 거야."

교과별 평가계획이
무엇인가요?

고등학교에 입학하면 가장 달라지는 것 중 하나가 바로 '평가 방식'입니다. 같은 시험을 본다 하더라도 과목마다 평가 방식이 다른 것을 경험하게 되는데, 이것은 학교에서 마련한 교과별 평가계획에 따른 것입니다.

교과별 평가계획이란 각 교과의 성격과 목표에 맞추어 "무엇을, 어떻게 평가할 것인가"를 미리 정해 두는 세부 계획을 말합니다. 단순히 시험 일정을 정하는 수준이 아니라, 학생들이 배운 내용을 어떤 방식으로 성취했는지를 확인하는 일종의 설계도입니다.

예를 들어, 국어 과목은 지필평가에서 지문 분석, 서술형 문항이 출제되기도 하고, 수행평가에서는 발표·토론·글쓰기 과제가 포함될 수도 있습니다. 수학은 풀이 과정과 서술형 답안의 정확성이 강조되고, 과학은 실험 보고서 작성이나 탐구 활동이 평가에 반영됩니다. 영어는 듣기·말하기 활동, 프로젝트형 수행평가가 중요한 비중을 차지할 수 있습니다. 이렇게 과목별로 강조점이 다르므로 학생은 자신의 강점과 약점을 고려해 준비하는 것이 필요합니다.

교과별 평가계획은 학기 초에 학부모와 학생에게 공지됩

니다. 정기고사와 수행평가의 비율(예: 지필 70%, 수행 30%)은
물론, 수행평가가 보고서인지 발표인지, 혹은 프로젝트인지
에 대한 구체적인 안내도 함께 이루어집니다.

주의해야 할 점은 같은 과목이라도 담당 교사가 바뀌면
평가 방법이나 비율이 달라질 수 있다는 것입니다. 일부 사
립학교처럼 교사 이동이 적은 학교는 비교적 안정적인 반면,
규모가 큰 학교는 교사의 이동이 많고 교사마다 평가 방식이
달라질 수 있으므로 학기 초 공지를 꼼꼼히 확인하는 것이
중요합니다. 또, '학교알리미' 사이트를 활용하면 학교 전체
의 평가 운영 방침을 미리 살펴볼 수도 있습니다.

학교의 분위기도 평가 방식에서 드러납니다. 학교에 따라
지필평가와 수행평가의 비율이 크게 차이 나는 경우도 있습
니다. 따라서 자녀가 진학할 학교를 선택할 때도 단순히 합격
가능성뿐만 아니라 "이 학교는 어떤 방식으로 공부와 평가를
이끌어 가는가."를 함께 살펴보는 것이 중요합니다.

교과별 평가계획은 성적을 산출하기 위한 도구를 넘어, 학
교가 어떤 교육 철학을 가졌는지 보여 주는 창 역할을 합니
다. 학생은 이를 바탕으로 자신의 학습 전략을 세울 수 있고,
학부모는 자녀가 어떤 부분에서 강점을 발휘할 수 있으며 또
어떤 점을 보완해야 하는지 구체적으로 이해할 수 있습니다.

교과별 평가계획은 단순히 성적 산출 방식이 아니라, 학교

가 어떤 방식으로 아이를 성장시키려 하는지 보여 주는 기준입니다. 자녀와 함께 계획을 확인하고, "이번 학기에는 어떤 방식으로 나의 역량을 친구들과 선생님에게 보여 줄 수 있을까?"를 함께 이야기해 주세요.

자녀에게 이렇게 말해 주세요

"시험을 잘 본다는 건 단순히 점수를 얻는 게 아니라, 과목마다 다른 평가 방식을 이해하고 거기에 맞는 준비를 한다는 거야. 시험 외에도 네가 국어 시간에 토론을 준비하거나, 과학 시간에 실험 보고서를 쓰는 것 모두 중요한 학습이야. 평가는 결과만 보는 게 아니라, 그 과정을 통해 네가 얼마나 성장했는지를 확인하는 거란다."

학생 점검 체크리스트

⊘ 학기 초 공개되는 평가계획 안내문을 부모님과 함께 확인했다.

⊘ 내가 듣는 과목의 지필/수행 비율을 정확히 알고 있다.

⊘ 과목별 수행평가 종류(발표, 보고서, 프로젝트 등)를 파악했다.

⊘ 수행평가 실시 일정을 달력이나 플래너에 미리 기록해 두었다.

정기고사·수행평가
무엇이 핵심일까요?

고등학교 성적은 크게 정기고사와 수행평가로 이루어집니다. 두 평가 모두 성적을 결정하는 중요한 요소지만, 평가의 목적과 방식이 다르기 때문에 학생들은 각각에 맞는 준비가 필요합니다.

먼저, 정기고사는 중간고사와 기말고사처럼 정해진 시기에 치르는 시험입니다. 교과서와 수업 내용을 중심으로 출제되며, 개념 이해와 문제 해결 능력을 확인하는 데 초점이 있습니다. 단순히 시험 직전에 벼락치기를 하기보다는 평소 수업 시간에 꼼꼼히 정리하고, 틀린 문제를 반복해 풀어보며 이해의 깊이를 더하는 것이 중요합니다. 특히 최근에는 단순 객관식뿐만 아니라 서술형·논술형 문항이 포함되는 경우가 많아, 암기만으로는 좋은 성과를 내기 어렵습니다. 스스로 설명해 보거나 글로 정리하는 연습이 필요합니다.

다음으로 수행평가는 실제 활동을 통해 학생의 역량을 평가하는 방식입니다. 보고서 작성, 발표, 토론, 실험, 작품 제작 등 과목마다 다양하게 이루어집니다. 수행평가는 결과뿐 아니라 과정과 태도까지 평가된다는 점이 특징입니다. 예를 들어 국어 과목에서의 글쓰기 과제, 과학 과목의 실험 보고서,

　　　　　3부 | 고등학교 평가 시스템 이해

영어 과목의 영어 발표가 대표적입니다. 학생들이 흔히 놓치는 부분은 "지필만 잘 보면 된다"는 생각인데, 수행평가는 학기 성적에서 차지하는 비중이 점점 커지고 있으며, 특히 학생부의 세부능력특기사항(세특)에 기록될 수 있는 중요한 근거가 됩니다.

따라서 수행평가에서 보여 준 탐구 과정이나 협력 태도는 점수 이상의 의미를 가집니다. 대학에서 학생부종합전형으로 학생을 평가할 때, 이 수행평가 과정에서 드러난 성실성과 주도성, 협업 능력을 매우 중요한 자료로 활용합니다.

정기고사와 수행평가에서 가장 중요한 것은 균형입니다. 정기고사 준비를 통해 기본 학업 역량을 다지고, 수행평가를 통해 탐구력·표현력·협력 능력을 키워야 합니다. 두 가지 평가를 균형 있게 준비한 학생은 단순히 성적만이 아니라, 대학입시와 사회생활에서 필요한 학문적 깊이와 실제적 역량을 동시에 기르게 됩니다.

5등급제와 성취도는
무엇인가요?

고등학교의 내신은 9등급제에서 5등급제로 변화하였습니

다. 학생들의 내신 경쟁이 줄어들었다고 볼 수 있지만, 달리 생각해 보면 그만큼 1등급을 유지하거나, 2등급 안에 포함되는 것이 중요해진 것입니다. 2022 교육과정에서는 등급과 성취도를 함께 제시하고 있습니다.

고등학교의 평가는 단순히 점수 몇 점으로 학생을 구분하는 방식에서 벗어나, 학생이 학습 목표를 얼마나 달성했는지를 보여 주는 방향으로 바뀌고 있습니다. 이것이 바로 성취도 평가입니다. 성취도는 학생의 학습 과정과 성취 수준을 드러내는 지표입니다.

성취도와 5등급제의 핵심은 학생이 자신의 성취 수준을 확인하며 부족한 부분을 보완할 수 있고, 학부모는 단순한 성적표가 아닌 자녀의 학습 과정을 더 깊이 이해할 수 있다는 것입니다. 나아가 이런 변화는 경쟁 위주의 교육에서 학생 개개인의 성장을 존중하는 교육으로 나아가려는 중요한 흐름이라고 할 수 있습니다.

1)바뀌는 내신 등급 비교

- 5등급제

1등급: 비율 10%

2등급: 비율 24%(누적 34%)

3등급: 비율 32%(누적 66%)

4등급: 비율 24%(누적 90%)

5등급: 비율 10%(누적 100%)

- 9등급제

1등급: 비율 4%

2등급: 비율 7%(누적 11%)

3등급: 비율 12%(누적 23%)

4등급: 비율 17%(누적 40%)

5등급: 비율 20%(누적 60%)

6등급: 비율 17%(누적 77%)

7등급: 비율 12%(누적 89%)

8등급: 비율 7%(누적 96%)

9등급: 비율 4%(누적 100%)

2)과목별 성적 산출 방식

- 공통과목, 선택과목: 성취도(A·B·C·D·E) + 석차등급(1~5등급)

- 전문 교과 과목: 성취도(A·B·C·D·E) + 석차등급(1~5등급)

- 사회·과학 융합선택 과목: 성취도(A·B·C·D·E)

- 과학탐구실험 과목: 성취도(A·B·C)

- 체육·예술 과목: 성취도(A·B·C)

- 교양 과목: 이수(P)

3)성취율과 성취도 방식

성취도 5단계 과목		성취도 3단계 과목	
성취율	성취도	성취율	성취도
90% 이상	A	80% 이상	A
80% 이상 ~ 90% 미만	B		
70% 이상 ~ 80% 미만	C	60% 이상 ~ 80% 미만	B
60% 이상 ~ 70% 미만	D		
40% 이상 ~ 60% 미만	E	40% 이상 ~ 60% 미만	C
40% 미만	미도달	40% 미만	미도달

고정분할점수와 추정분할점수는 무엇인가요?

'고정분할점수'는 모든 시험에 똑같은 기준을 적용하여, 90점 이상이면 A, 80점 이상이면 B와 같이 고정된 점수 구간으로 성취도를 나누는 방식을 말합니다. 이 방식은 일률적으로 점수를 나누는 방식이기 때문에 시험의 난이도나 학생 집단의 특성을 충분히 반영하지 못한다는 한계가 있습니다. 그래서 학생의 실제 성취도를 보다 정확하게 반영하기 위해

   3부 | 고등학교 평가 시스템 이해

등장한 것이 '추정분할점수'(변동분할점수)입니다.

똑같이 고등학교 2학년 학생인 경우에도 학교에 따라 학생 수준에 차이가 있습니다. 어떤 학교는 학생들의 학업 수준이 고르게 높은 반면, 어떤 학교는 학생의 성취 수준이 다양하게 분포되어 있을 수 있습니다. 특히 특목고나 자사고처럼 우수한 학생이 많이 모여 있는 학교에서는 고정분할 방식을 적용하게 되면 학생들의 실제 성취도보다 평가 결과가 낮게 나타납니다. 반대로 학습 수준이 다양한 학생이 모여 있는 일반고에서는 훨씬 더 쉬운 평가임에도 일부 학생의 경우 높은 성취도가 나오게 됩니다.

이러한 문제를 보완하기 위해 마련된 것이 추정분할점수입니다. 추정분할점수는 교사들이 해당 시험의 문항 난이도와 배점, 정답률(특히 최소 능력 학생의 예상 정답률) 등을 사전에 분석하여, 성취 수준(A~E)에 해당하는 점수를 새롭게 설정하는 방식입니다. 다시 말해, 각 시험이 가진 특성과 학생 집단의 수준을 반영해 성취도 경계 점수를 '추정'하여 산출하는 것입니다. 중요한 점은 추정분할점수는 단순히 시험이 끝난 뒤 뒤늦게 공개되는 것이 아니라, 시험 시행 전에 학생과 학부모에게 공지된다는 사실입니다. 따라서 학생과 학부모는 "이번 시험에서 A를 받기 위해서는 어느 정도 점수가 필요하다."는 기준을 미리 알 수 있고, 학습 준비에도 이를 참고할 수 있습니다.

추정분할점수는 학교마다, 과목마다, 학기마다 달라질 수 있습니다. 같은 과목이라고 해도 시험 문항이 달라지면 성취 경계점 역시 달라질 수 있고, 같은 학교라도 매년 결과가 다를 수 있습니다. 과거에는 이 제도를 변동분할점수라고 부르기도 했는데, 현재는 용어를 통일하여 '추정분할점수'라고 부르고 있습니다. 두 용어는 같은 의미로 이해하시면 됩니다.

추정분할점수는 학생의 노력을 보다 정밀하게 반영하기 위한 장치입니다. 점수 하나만으로 줄을 세우는 것이 아니라, 시험의 특성과 학습 집단의 수준을 함께 고려하여 성취도를 평가하려는 취지이므로, 학생과 학부모가 성적을 이해할 때 반드시 알아 두어야 할 중요한 개념입니다.

학교생활기록부에 기재 가능한 내용은 무엇인가요?

학교생활기록부(학생부)는 단순히 성적을 기록하는 문서가 아닙니다. 학생의 배움의 과정과 성장의 흔적을 담는 기록입니다. 그래서 대학 입시뿐 아니라, 자녀가 어떤 태도로 배우고 성장했는지 보여 주는 중요한 자료가 됩니다.

    3부 | 고등학교 평가 시스템 이해

학생부는 크게 네 가지 영역으로 이루어져 있습니다. 첫째, 교과학습발달상황입니다. 여기에는 과목별 성적뿐 아니라, '세부능력 및 특기사항(세특)'이 포함됩니다. 세특에는 수업 시간에 어떤 태도로 참여했는지, 발표나 보고서 활동에서 어떤 탐구를 했는지, 어떤 점에서 성장했는지가 구체적으로 기록됩니다. 따라서 단순히 시험 성적이 아니라, '수업 속에서의 과정과 태도'가 매우 중요합니다.

둘째, 창의적 체험활동(창체)입니다. 자율·자치활동, 동아리활동, 봉사활동, 진로활동으로 구성되어 있으며, 학교가 주최·주관한 활동이 중심이 됩니다. 학급회의, 학교 축제, 학생회 활동, 봉사 프로젝트, 진로 캠프 등이 여기에 해당됩니다. 교육청이나 다른 학교가 주최한 활동도, 학교장의 승인을 받은 경우에는 학생부에 기재할 수 있습니다.(예: 과학박람회, 수학체험전, 모의유엔 활동 등)

셋째, 행동특성 및 종합의견입니다. 담임 교사가 학생의 전반적인 학교생활 태도, 협력성, 인성, 성실성 등을 종합해 기록하는 부분입니다. 이 항목은 하루아침에 만들어지는 것이 아니라, 평소의 모습에서 비롯됩니다. 따라서 꾸준히 성실하게 생활하고, 교사와의 신뢰 관계를 쌓는 것이 중요합니다.

학생부는 '결과'보다 '과정'을 보여 주는 기록입니다. 교과 성적뿐 아니라 수업 참여, 태도, 탐구, 협력, 성찰이 모두 담김니다. 학생이 매일의 학교생활을 충실히 보내는 것이 곧 학생부를 채우는 가장 확실한 방법입니다.

자녀에게 이렇게 말해 주세요

"학생부는 단순히 성적표가 아니야. 네가 수업 시간에 얼마나 적극적으로 참여했는지, 어떤 생각으로 활동했는지가 다 기록돼. 그러니까 오늘 하루의 태도와 행동이 내일의 학생부를 만든다고 생각해 보자. 결과보다 과정을 중요하게 여기는 마음으로 학교생활을 해 보자."

학교생활기록부 기재 내용 자세히 보기

- 인적·학적 사항: 학적 변동 사항을 입력합니다. 자퇴·퇴학·휴학·재입학·편입학·복학·유급·조기진급 등 중요한 학적변동이 있을 경우 변동 사항을 입력합니다.
- 출결 상황 : 수업일수의 2/3 이상 출석해야 진급이 가능합니다. 질병으로 인한 지각, 조퇴, 결과, 결석 등은 대입에 직접적으로 반영되지 않지만, 미인정에 해당하는 지각, 조퇴, 결과, 결석은 대입에 반영이 됩니다. 그리고 고등학교 생활기록부는 향후 취업 과정에서 기업에서 제출을 요구하는 경우가 있습니다. 이때 성실성을 평가하는 요소로 출결상황을 중요하게 보기도 합니다.
- 수상 경력: 수상 경력을 기재하지만 대입에는 반영되지 않습니다.

• 자격증 취득: 고교 재학 중에 취득한 자격증을 기재하지만 대입에는 반영
되지 않습니다.

• 학교폭력 조치사항 관리 : 학교폭력 가해학생에 대한 조치사항을 기재하
도록 되어 있습니다. 학교폭력 가해학생은 대입에서 실질적인 불이익을
받도록 되어 있습니다.

• 자율·자치 활동: 학교에서 이루어진 자율·자치 활동에 대한 내용을 입력
합니다. 활동 내용(참여도, 활동 의욕, 발전의 정도, 태도 변화 등)을 중심
으로 개별적인 특성이 잘 드러나도록 실제적인 역할과 활동 위주로 입력
하도록 되어 있습니다.

• 동아리 활동: 창의적 체험활동의 동아리는 활동 내용을 구체적으로 기재
가능합니다. 자율 동아리 활동은 학년당 1개만 입력 가능하고, 대입에 반
영되지 않습니다.

• 진로 활동: 진로희망은 희망 분야에 입력하지만, 대입에는 반영되지 않습
니다. 학교에서 이루어지는 진로 활동과 관련된 내용을 입력할 수 있고,
그 외에 학업진로나 진로와 관련된 각종 검사 결과를 입력할 수 있습니다.

• 교과학습 발달상황: 중학교에서는 학교에서 정한 기준에 따라 일부 학생
들에게만 과목별 세부능력 및 특기사항을 기재하지만, 고등학교에서는
모든 교과에 대해 모든 학생에 대해 기재합니다. 방과후학교의 수강 내용
은 생활기록부에 입력하지 않습니다.

• 독서 활동: 책 제목과 저자를 기재합니다. 대입에는 반영되지 않습니다.
독서 활동을 교과의 수업 등으로 진행하였다면 도서명과 관련 내용을 과

목별 특기사항에 입력할 수 있습니다. 자율·자치 활동에 독서 활동을 했다면 자율·자치 활동에 입력 가능하고, 동아리 활동으로 진행했다면 동아리 활동에 입력 가능합니다.

- 행동특성 및 종합의견: 담임 교사가 수시로 관찰하여 누적된 행동특성을 바탕으로 기재합니다. 학업태도와 인성 등 진로역량과 공동체역량이 드러나는 종합평가 지표입니다. 행동특성 및 종합의견을 교사 추천서의 성격으로 기록하는 것이 최근의 추세입니다.

학교생활기록부에 대해서 언제부터, 어떻게 준비하면 좋을까요?

고등학교 학교생활기록부는 단순히 성적을 적어 놓은 서류가 아닙니다. 학생이 어떤 과정을 거쳐 성장했는지를 보여 주는 '3년의 이야기 기록'입니다. 따라서 학생부를 준비한다는 건 '좋은 점수를 받는 것'보다 '좋은 과정을 만들어 가는 것'에 더 가깝습니다.

시작 시기는 고등학교 1학년부터입니다. 1학년의 학생부는 첫 페이지이자 방향성을 보여 주는 자리이기 때문에, 처음부터 꾸준히 기록이 쌓이도록 하는 것이 중요합니다. 특히 진

　　　　　　　　3부 | 고등학교 평가 시스템 이해

로가 확정된 학생과 아직 방향이 정해지지 않은 학생의 접근 방식이 다르다는 점을 참고해야 합니다.

진로가 명확한 경우에는 1학년에 폭넓게 해당 분야를 경험하고, 2학년부터는 관련 과목과 활동을 집중적으로 선택하여 깊이를 쌓습니다. 3학년에는 심화 과목을 이수하거나 탐구 보고서, 발표 등으로 '완결된 탐구의 흐름'을 보여 주면 좋습니다. 예를 들어, 의학 계열을 희망한다면 과학 과목의 추가 이수, 관련 동아리 활동, 연구형 수행평가 참여 등이 도움이 됩니다.

진로가 아직 확정되지 않은 경우에는 1학년 때 다양한 과목을 두루 탐색하며 흥미를 확인하고, 2학년부터는 관심이 이어지는 영역을 중심으로 활동을 심화합니다. 3학년쯤에는 진로 방향을 명확히 좁혀, 과목 선택과 탐구 활동을 연계해 주면 좋습니다.

무엇보다 중요한 것은 꾸준함과 연결성입니다. 특정 시기에 갑자기 활동을 몰아서 하거나, 전혀 관련 없는 활동이 나열되면 학생부의 진정성이 약해집니다. 대신 작은 활동이라도 학년이 올라가면서 발전하는 모습을 보여 주면 훨씬 설득력 있는 학생부가 됩니다.

학생부 준비는 "꾸준히 쌓아 이야기를 만드는 것"이 핵심입니다. 학생이 주도적으로 활동을 기획하고, 그 과정을 스스로 설명할 수 있을 때 학생부는 단순한 기록이 아니라 '나의 성장 이야기'가 됩니다. '기록이 아니라 과정'이라는 관점을 잊지 않는 것이 중요합니다.

학교생활기록부가 잘 작성되려면 어떻게 해야 할까요?

학교생활기록부의 문장을 직접 입력하는 사람은 학생이 아니라 교사입니다. 그래서 "잘 쓰려면"이 아니라 "잘 작성되려면"이라고 말하는 것이 더 정확합니다. 그렇다면 어떻게 해야 선생님이 학생의 좋은 모습을 잘 관찰하고 기록할 수 있을까요?

먼저 교육부에서 얘기하는 과목별 세부능력 및 특기사항을 기재할 때의 원칙을 먼저 확인해 보겠습니다.

"성취기준과 성취수준에 근거하여 학생 개인의 성취과정과 성취특성이 명료히 드러나도록 서술하고, 수업에서 이루어진 활동의 단순 나열이나 성취기준에 명시된 지식의 단순 서술은 지양한다. 수시로 누적된 기록 내용을 중심으로 종합적으로 서술한다(일회성 관찰 기재 지양)."

학생 입장에서 가장 중요한 것은 자발적인 수업 참여입니다. 선생님은 한 학기에 수업하는 학생만 200명이 넘을 때가 있습니다. 이때 조용히 앉아만 있는 학생보다는 발표하고, 질문하고, 과제에 성실히 임하는 학생이 눈에 더 잘 들어옵니다. 학생이 먼저 손을 들고 참여하면 교사는 학생의 이름과 강점을 더욱 분명하게 기억합니다. 결국 수업에서의 적극적인 참여가 좋은 기록의 첫걸음입니다. "잘 보이라는 뜻이 아니라, 수업 속에서 배우는 걸 표현하라."입니다. 자녀에게도 이 사실을 꼭 알려주셔야 합니다.

다음으로 중요한 것은 자기평가서와 소감문 작성입니다. 교사들은 학생부를 작성할 때 '관찰'뿐 아니라 학생이 직접 쓴 자료를 함께 참고하기도 합니다. '학교교육계획에 따라 실시한 교육활동 중 교사 지도하에 학생이 직접 작성한 자료'입니다. 이처럼 학생부 기재 시 활용 가능한 자료는 동료평가서, 자기평가서, 수업산출물(수행평가 결과물 포함), 소감문, 독후감입니다.

자기평가서를 쓸 때 단순한 감상 대신 "배운 점－느낀점－앞으로의 계획" 구조로 작성해야 합니다.

생활기록부는 학생의 참여도와 표현력의 기록물입니다. 따라서 "잘 적히는" 학생부를 위해서는 자녀가 수업에 몰입하고 자신이 배운 내용을 스스로 정리할 수 있도록 하는 것이 중요합니다.

그리고 학기 초에는 학교에서 공개하는 교과별 평가계획과 창의적 체험활동 계획을 꼭 확인하고, 자녀와 함께 어떤 활동을 통해 강점과 진로를 연결할 수 있을지 이야기 하는 것도 중요합니다. 무엇보다 '학생부 관리'보다 '학교생활 참여'임을 잊지 말아야 합니다.

자녀에게 이렇게 말해 주세요

"수업 시간에 적극적으로 손을 들어보는 게 중요해. 단순히 화려하게 발표를 하는 것이 아니라, 네가 배우고 느낀 것을 잘 표현하는 것이 좋아."

"자기평가서나 소감문은 숙제가 아니라, 네가 어떤 생각을 했는지를 남기는 기록이야. 그냥 '재미있었다'가 아니라, '무엇이 새로웠고, 왜 그렇게 느꼈는지'를 써보면 훨씬 좋아."

"생활기록부는 네가 얼마나 똑똑한지를 보여 주는 게 아니라, 네가 얼마나 열심히 배우고 성장하는지를 보여 주는 기록이야. 그걸 잘 드러내려면 네가 먼저 주인공이 되어야 해."

"학생부는 내신 점수표가 아니라, 네가 어떤 과정을 거쳐 성장했는지를 보여 주는 추천서이자 에세이야. 네가 좋아하는 걸 탐색하면서 조금씩 방향이 또렷해지면, 그게 바로 네 학생부의 힘이야."

"진로가 아직 정해지지 않아도 괜찮아. 지금은 너를 알아가는 시간이고, 다양한 경험을 통해 네가 '무엇을 할 때 살아있다고 느끼는지'를 찾으면 돼."

진로 결정 여부별 전략

1)공통 전략: 모든 활동에서 '연결성과 꾸준함' 강조, 일회성 활동보다 학습과의 연결과 맥락이 중요합니다. 활동의 양보다 '진정성'과 '발전 과정'이 중요합니다.

2)진로를 결정한 학생이라면?

- [1학년] 진로 관련 교과에 관심과 참여를 드러내고 동아리·탐구 활동에 적극 참여, 다양한 활동 속에서 진로와의 연결점을 강조합니다.

- [2학년] 진로 관련 과목을 집중 선택, 수행평가·세특에 해당 분야 탐구를 심화 기록, 교내 대회, 보고서, 발표 활동으로 전문성을 강화합니다.

- [3학년] 진로 관련 과목과 관련하여 실험 과목이나 심화 과목까지 이수, 전공 적합성을 드러낼 수 있는 활동에 집중, 학생부 전체에서 완결성 있는 흐름을 구축합니다.

3)진로를 결정하지 않은 학생이라면?

- [1학년] 자기 흥미를 지속적으로 탐색하고 관심 영역을 넓히고, 여러 교과와 활동에 폭넓게 참여합니다.

- [2학년] 관심이 이어지는 과목·활동을 선별적으로 집중하고, 특정 계열(예: 공학, 사회과학 등)로 범위를 좁혀 갑니다.

- [3학년] 2학년까지의 경험을 토대로 진로를 명확히 설정합니다. 선택

한 진로와 관련된 과목·활동에 집중합니다. 그런 다음, 기록에 '방향성이 잡혔음'을 보여줍니다.

학교생활기록부에 기입되는 자율·자치활동은
어떻게 해야 하나요?

고등학교 생활에서 학생이 진정으로 성장할 수 있는 시간은 꼭 교과 수업 시간만은 아닙니다.

2022 개정 교육과정은 학생이 스스로 기획하고 참여하는 경험을 통해 민주 시민으로서의 역량을 기를 수 있도록 강조하고 있습니다. 그중에서도 자율·자치활동은 학생이 학교의 주체로서 참여할 수 있는 가장 좋은 기회입니다.

자율활동에서는 학생이 스스로 계획을 세우고 실행해 보는 것이 중요합니다. 예를 들어, 학급 행사나 학교 축제를 준비할 때 단순히 맡은 일만 하는 것이 아니라 "이 행사를 통해 친구들이 무엇을 느꼈으면 좋을까?" "어떻게 하면 친구들의 참여도가 더 높아질까?"를 고민하는 태도가 필요합니다. 이런 경험을 통해 문제를 발견하고 해결하는 능력을 기르게 됩니다.

3부 | 고등학교 평가 시스템 이해

자치활동은 민주적인 의사소통과 협력의 소중한 경험이 되기도 합니다. 학생회 활동이나 학급 임원 역할, 혹은 동아리 대표로 활동할 때 '리더'로서만이 아니라 '조율자'로서의 역할이 중요합니다. 서로의 의견이 다를 때 경청하고, 합리적인 결정을 내리는 과정을 통해 사회적 책임감과 공감 능력을 함께 키울 수 있습니다.

이러한 자율·자치활동은 단순히 생활기록부에 남기기 위한 것이 아닙니다. 참여를 통해 기획력, 협업 능력, 문제해결력이 모두 학생의 역량으로 평가되고 길러집니다. 실제로 대학에서는 "리더로서 학교생활에 어떤 변화를 만들어 냈는가?"를 학생부나 면접에서 눈여겨보기도 합니다. 즉, 자율·자치활동은 단순한 '활동'이 아니라, '학교 속 작은 사회'에서 성장하는 경험입니다.

자율·자치활동은 리더십보다 '참여와 협력'의 경험이 핵심입니다. 내 자녀가 리더가 되어야 한다고 생각하고, 리더십만 중요하다고 생각하는 부모님이 더러 있습니다. 자녀의 성향에 따라 리더십이든, 팔로우십이든 협력의 경험을 할 수 있도록 도와주는 것이 더 좋습니다. 그리고 자녀가 맡은 역할의 크기보다 그 과정에서 무엇을 배우고 느꼈는지를 함께 이야기해보는 것도 필요합니다.

학교생활기록부에 기입되는 동아리 활동은 어떻게 해야 하나요?

동아리 활동은 단순히 친구들과의 취미 활동이 아니라, 학생의 진로와 성장 방향을 보여 주는 중요한 학교생활의 축입니다. 동아리의 유형은 크게 학술 활동, 문화·예술 및 여가 활동, 봉사 활동으로 나눌 수 있습니다. 학생은 자신이 관심 있는 분야에서 다양한 체험을 하며 진로를 탐색하고, 친구들과의 협력과 나눔을 통해 시민성과 사회성을 기르게 됩니다.

특히 2022 개정 교육과정에서는 봉사 활동이 별도 영역이 아니라 자치·자율 활동, 진로 활동, 동아리 활동과 연계되어 운영됩니다. 다시 말해, 학생이 주도적으로 참여한 동아리 안에서 봉사 활동이 자연스럽게 이루어질 수 있는 구조로 바뀌었습니다. 환경 동아리에서 지역 사회 환경 정화 캠페인을 기획하고 실행한다면, 그 자체로 의미 있는 봉사 활동이 되는 것입니다.

학교에서는 보통 학기 초에 동아리 신청을 받습니다. 이미 개설된 동아리 중 선택할 수도 있고, 학생이 직접 새로운 동아리를 개설할 수도 있습니다. 따라서 관심 있는 분야가 기존 동아리에 없다면, 선생님과 상의하여 직접 만들어 보는 것도 좋은 경험이 될 수 있습니다. 이 과정에서 학생들의 리더십, 기획력, 협업 능력이 길러집니다.

동아리 활동의 내용은 생활기록부에 기록됩니다. 여기서 중요한 점은 단순히 가입 여부가 아니라 얼마나 주도적이고 적극적으로 활동했는가입니다. 교사는 자기평가, 학생 상호 평가, 교사 관찰 기록 등을 바탕으로 특기사항을 작성합니다. 따라서 '이름만 올린 활동'보다는 '직접 참여하고 성과를 낸 활동'이 높은 평가를 받습니다.

고등학교 3년 동안 한 동아리에서만 활동해야 한다는 규칙은 없습니다. 진로나 흥미가 바뀌면 바꿀 수도 있고, 기존 동아리 경험을 확장해 새로운 동아리를 만들 수도 있습니다. 수학이나 과학 같은 교과 중심 동아리뿐 아니라, 문학, 영상 제작, 음악, 사회문제 탐구 등 다양한 주제의 동아리도 학생의 개성과 진로 역량을 드러낼 수 있습니다.

자녀가 '입시용 동아리'를 찾기보다, 흥미와 진로 중심의 동아리 활동을 하도록 부모님은 가이드해 주세요. 진심이 담긴 활동은 기록에도 자연스럽게 드러납니다. 또한 결과보다 과정에서의 주도성·협력·문제 해결력이 중요하게 평가된다는 점도 기억해 주세요.

자녀에게 이렇게 말해 주세요

"동아리는 단순히 친구들이랑 노는 시간이 아니야. 네가 어떤 일에 흥미가 있고, 어떤 일을 주도적으로 해 볼 수 있는지를 보여 주는 자리야. 학교에 있는 동아리 중에 마음에 드는 게 없으면 직접 만들어 보는 것도 좋은 경험이야. 그리고 이름만 올리는 것보다, 네가 맡은 역할을 성실히 해내고 결과를 만들어 내는 게 훨씬 중요해. 그런 경험이 나중에 네 진로를 결정할 때 큰 힘이 될 거야."

학교생활기록부에 기입되는 진로활동은
어떻게 해야 하나요?

진로활동은 장래 희망을 정하는 과정이 아니라, 학생이 스스로 자신을 탐색하며 삶의 방향을 찾아가는 교육의 핵심 과정입니다. 고등학교 3년 동안 진로활동은 수업, 학교의 특색 프로그램, 상담의 흐름 속에서 자연스럽게 이어집니다.

우선 학교가 제공하는 진로 탐색의 기회를 적극적으로 활용하는 것이 중요합니다. 진로검사, 직업 체험, 대학 학과 탐방, 진로 특강 등은 모두 학생이 스스로를 알아갈 수 있는 실질적인 기회입니다. 처음에는 낯설고 막연하게 느껴지지만, 이런 경험이 쌓이면서 "나는 어떤 환경에서 행복한가?" "어떤 일을 오래 해도 지루하지 않을까?" 같은 스스로의 기준이 만들어집니다.

둘째, 교과와 진로의 연결을 의식하는 습관이 필요합니다. 예를 들어 생명과학을 배우며 생명공학 연구직을 꿈꾸거나, 사회 과목을 공부하며 도시 정책에 관심을 갖게 될 수도 있습니다. 이런 연결은 단순한 '진로활동'이 아니라 교과 속에서 이루어지는 탐색과 성장이기 때문에 생활기록부에서 진정성을 드러낼 수 있습니다.

셋째, 자기 주도적인 탐색과 성찰이 핵심입니다. 학교에서 주어지는 활동 외에도 스스로 주제를 정해 자료를 조사하거나, 관련 책을 읽고 정리해 보면 좋습니다. 이때 단순히 "무엇을 했다."보다 "왜 관심을 가졌고, 무엇을 느꼈는가."를 기록해 두면 세특(세부능력 및 특기사항) 소감문 작성에 큰 도움이 됩니다.

진로활동의 궁극적인 목표는 '직업 결정'이 아니라 자신을 이해하고 미래를 설계할 힘을 기르는 것입니다. 고등학교 3년 동안의 작은 경험과 탐색이 학생의 가치관과 선택을 단단하게 만들어 줍니다.

자녀의 진로를 '결정해야 할 문제'가 아니라 '탐색해야 할 과정'으로 바라봐 주세요. 진로활동 후 "그 활동이 어땠어?" "무엇이 제일 흥미로웠어?"처럼 결과보다 과정을 묻는 대화가 중요합니다.

자녀에게 이렇게 말해 주세요

"진로활동은 네가 어떤 일을 하고 싶은지를 정하는 게 아니라, '나는 어떤 사람인지', '무엇을 할 때 즐겁고 의미가 있는지'를 알아가는 시간이야. 친구들이 정해 둔 꿈을 따라가기보다는, 너 자신을 조금 더 알아가는 데 집중해 보자. 작은 경험이라도 해 보고 나면, 네가 어떤 방향으로 가야 할지 훨씬 선명해질 거야."

3부 | 고등학교 평가 시스템 이해

대학에서 주최하는
전공체험에 참여해야 하나요?

대학 전공체험은 학생들에게 매우 좋은 기회입니다. 최근 많은 대학이 고등학생을 대상으로 전공 체험 프로그램, 캠프, 멘토링 등을 운영하고 있습니다. 이런 체험은 학교생활기록부에는 기록되지 않지만, 학생 개인의 진로 탐색 과정에서는 분명히 의미가 있습니다.

학교생활기록부에는 고등학교가 직접 주관한 활동만 입력할 수 있기 때문에, 대학이나 외부 기관이 주최한 전공 체험은 기록할 수 없습니다. 그렇지만 기록이 안 된다고 해서 가치가 없는 것은 아닙니다. 고등학교 시기는 자신의 적성과 흥미를 찾아가는 시기이고, 전공체험은 그 여정을 구체화할 수 있는 경험을 제공합니다.

공학 계열을 희망하는 학생이 대학의 공대 캠프에 참여해 실험을 해 본다면, 교과서로는 느낄 수 없었던 실제 전공의 매력을 체감할 수 있습니다. 인문 계열 학생이라면 인문대 교수님의 특강을 들으며 자신의 생각을 글로 정리해 보는 것도 훌륭한 탐색 과정이 됩니다. 이러한 경험은 면접에서 "내가 왜 이 전공을 선택했는가"를 설명할 때 설득력 있는 사례가 됩니다.

다만 주의할 점은, 대학 체험이 학교 수업보다 우선순위가 되어서는 안 된다는 것입니다. 전공체험은 '보조 활동'이지 '핵심 활동'이 아닙니다. 고등학교 생활의 중심은 수업이며, 내신과 학습 태도 그리고 교내 진로활동이 가장 중요한 기본입니다. 이 기본 위에서 전공체험을 통해 진로를 구체화하는 것이 바람직합니다.

대학 전공체험은 학생의 진로 탐색 과정으로서 의미가 큽니다. '활동' 자체보다 '활동 후 성찰'이 중요합니다. 체험 후 자녀가 무엇을 배우고 느꼈는지 대화를 나눠보세요.

대학 전공체험은 좋은 프로그램이지만 학교 수업과 일정이 겹치지 않도록, 학교 수업에 방해가 되지 않도록 하는 것이 필요합니다. 활동 내용은 개인 포트폴리오나 진로노트에 기록해 두어 교과, 동아리, 진로 등 또 다른 활동으로 연결 지어 공부를 확장할 수 있게 도와주는 것이 좋습니다.

자녀에게 이렇게 말해 주세요

"전공체험은 네가 진로를 고민할 때 실제로 경험해 볼 수 있는 좋은 기회야. 하지만 대학 체험이 공부보다 더 중요한 건 아니야. 학교 수업과 병행하면서, 네가 정말 하고 싶은 일을 찾는 계기로 삼으면 좋겠어. 단순히 '활동을 했다'가 아니라, '이 경험을 통해 무엇을 느꼈는가'를 꼭 정리해 두자."

교과-창의적 체험 연계 활동에는
어떤 것이 있나요?

2022 개정 교육과정과 5등급제 체제에서는 내신 등급의 변별력이 예전보다 낮아졌습니다. 그래서 대학은 "이 학생이 단순히 암기만 잘하나, 아니면 배운 걸 스스로 확장할 줄 아나?"를 보고 싶어 합니다. 그 증거가 바로 이 연계 활동입니다. 자신의 진로와 관련이 있는 교과를 중심으로 학교 활동에 참여하거나, 만들 수 있습니다.

교과	탐색 가능한 진로 분야	학교 내 활동 예시	확장 활동 아이디어
국어	언론·출판, 문예창작, 교육, 법학, 스피치·방송, 심리 상담	• 시·소설·수필 창작 활동 • 토론·논술 동아리 참여 • 독서 감상문, 서평 작성 • 학교 신문·교지 제작	• 인터뷰 기사 작성, 교내 팟캐스트 운영 • 지역 도서관 독서 토론회 참여 • 법정 스피치, 토론 활동 참가
수학	공학, 데이터 분석, 금융, 통계, AI, 보험계리	• 수학탐구 보고서 작성 • 통계 실험 및 그래프 분석 • 수학 관련 동아리 활동	• 금융 관련 공모전 참여 • 빅데이터 체험 캠프 • 프로그래밍 기반 수학 모델링 탐구

사회	행정·정치, 법학, 언론, 사회복지, 국제관계, 교육	• 사회문제 탐구 발표 • 토론 활동, 정책 제안문 작성 • 사회참여 프로젝트	• 청소년 모의국회 참여 • 지역 사회 봉사 기획 • 국제 NGO 사례 분석 보고서 작성
과학	의학, 생명공학, 환경과학, 화학공학, 물리·천문, 식품·에너지	• 과학탐구 실험 보고서 • 과학 동아리 연구활동 • 학교 과학 발표회	• 대학 과학캠프 참여 • 환경·기후 관련 시민 프로젝트 • 지역 과학관과 연계한 체험활동
기술·가정	건축·디자인, 식품영양, 패션, 인테리어, 창업·경영	• 창의적 제품 설계 • 진로체험 활동 보고서 • 식품 실습 및 조리 연구	• 진로 관련 공방·기업 탐방 • 학교 창업 아이디어 경진 활동 참가
영어	국제무역, 외교, 통·번역, 관광, 항공, 교육	• 영어 프레젠테이션 • 영어 뉴스 스크립트 작성 • 영어회화·토론 동아리	• 외국어 캠프 참여 • 모의 UN 회의 참가 • 국제 행사 자원봉사
예체능	디자인, 미술, 공연예술, 체육·스포츠, 문화기획	• 학교 축제 공연 기획 • 미술 전시회 참여 • 교내 스포츠 한마당 기획	• 지역 문화예술단체 봉사 • 예술인 인터뷰 보고서 • 스포츠 지도 체험
정보/컴퓨터	소프트웨어 개발, 인공지능, 사이버보안, 데이터과학	• 코딩 프로젝트 수행 • 정보보호 동아리 활동 • 앱·웹 서비스 제작	• AI 윤리 관련 탐구 보고서 • 청소년 해커톤 참가

진로 연계	전 교과 공통	•진로탐색 포트폴리오 작성 •학과별 탐구 보고서 정리 •교과별 세특 연계 활동 기록	•대학 학과 교수 특강 참여 •진로 인터뷰 영상 제작

학교생활기록부에 기재할 수 없다면 의미가 없는 것 아닌가요?

많은 학생들이 학교 활동을 안내할 때 가장 먼저 묻는 질문이 있습니다. "선생님, 이건 학생부에 들어가나요?" 학생부가 대학 입시에서 중요한 역할을 하는 만큼, 필요한 경우에만 챙기겠다는 학생들 마음이 반영된 질문입니다. 하지만 저는 학생들에게 이렇게 말합니다. "기록되지 않아도, 그 경험이 사라지는 건 아니야."

예를 들어, 스스로 만든 프로젝트, 친구와의 협업, 자발적인 독서나 탐구, 혹은 개인적인 취미 활동이나 봉사 경험 등이 있습니다. 이런 경험은 기록에는 남지 않지만, 사고력·표현력·문제해결력 같은 '보이지 않는 실력'으로 쌓입니다. 결국 나중에 글쓰기나 면접, 혹은 진로선택에서 자연스럽게 드러나는 자산이 됩니다.

또 하나 중요한 점은 학생부가 '과정 전체'를 담을 수는 없다는 것입니다. '봉사활동 참여'라는 짧은 문장으로 기록되더라도, 그 안에는 친구와 협력하고 배려하며 책임감을 느낀 수많은 순간이 포함되어 있습니다. 기록은 간단하지만, 그 배움은 결코 사라지지 않습니다.

또한 학생부에 남지 않는 경험이 오히려 진로 탐색의 출발점이 되기도 합니다. 학교 밖 독서 모임이나 개인 탐구, 가족과의 대화에서 "내가 진짜 좋아하는 게 뭘까?"를 깨닫는 학생이 많습니다. 이런 경험은 기록되지는 않지만, 진로를 구체화하는 데 큰 단서가 됩니다.

결국 중요한 것은 기록 여부가 아니라, 학교 활동과 그 외 다양한 경험이 자녀에게 어떤 변화를 남겼는가입니다. 학생부는 그중 일부를 보여 주는 도구일 뿐입니다.

집에서도 "이건 학생부에 들어가니?"라는 질문보다 "이 활동을 하며 네가 무엇을 느꼈니?"라는 질문을 던져 주세요. "기록에 남지 않아도 마음에 남는 활동" 이것이 진짜 의미 있는 배움입니다.

자녀에게 이렇게 말해 주세요

"학생부에 안 들어간다고 해서 의미 없는 게 아니야. 진짜 중요한 건 네가

　　　　　　　3부 | 고등학교 평가 시스템 이해

그 활동을 하면서 무엇을 느꼈는지, 어떤 생각이 들었는지야. 그 경험이 쌓여서 네가 어떤 사람인지 보여 주는 거야."

독서 활동 상황이 대입에 반영되지 않으면 독서는 안 해도 되나요?

최근 대입 제도의 변화로 학생부의 '독서 활동 상황'이 직접적으로 반영되지 않으면서, "이제 책을 읽지 않아도 되는 것 아닌가요?"라고 묻는 학생이나 학부모가 많습니다. 하지만 결론부터 말씀드리자면, 독서는 여전히 고등학교 생활의 중심이자 학생의 학업 역량을 가늠할 수 있는 가장 강력한 기반입니다.

독서 활동 상황이 대입에 반영되지 않는 것은 맞지만, 수업 시간에 독서 활동과 연계된 수업이 진행되었다면 과목별 특기사항에 독서 활동을 입력할 수 있습니다. 자율·자치 활동이나 진로활동, 동아리 활동으로 독서 활동을 진행했다면 역시 학생부에 기록할 수 있습니다. 그래서 대입에 전혀 반영되지 않는 것은 아닙니다.

독서는 단순히 기록을 위한 활동이 아니라, 사고력·이해력·표현력을 종합적으로 길러 주는 학습의 뿌리입니다. 수능의 긴 지문을 읽을 때, 논술문을 작성할 때, 면접에서 자신의 생각을 말할 때, 학생이 쌓아 온 독서의 깊이가 드러납니다. 문제 풀이만으로는 한계가 있는 사고력과 언어 감각은 꾸준한 독서를 통해서만 다져집니다.

또한, 진로와 연결된 독서는 여전히 입시의 중요한 '맥락'으로 작용합니다. 의학을 희망하는 학생이 생명윤리나 의학사 관련 서적을 읽었다면, 그 내용이 세부능력특기사항(세특)의 탐구 주제로 자연스럽게 이어지고, 면접에서도 자신의 생각을 구체적으로 표현할 수 있습니다. '기록되지 않더라도 성장의 흔적이 남는 활동' 그것이 바로 독서입니다.

마지막으로, 독서는 입시를 넘어 삶의 안목을 길러 줍니다. 세상을 이해하고 타인을 공감하며, 스스로의 가치관을 정립하는 과정이 독서 속에 담겨 있습니다. 입시 기록의 여부와 상관없이, 독서는 학생의 사고의 폭과 깊이를 결정짓는 밑거름입니다.

독서 후 대화(질문)법

독서를 '입시 자료'로만 바라보면 학생은 부담을 느낍니다. 대신 "너는 어떤 주제의 책이 재미있어?"처럼 대화를 열어 주세요. 학교 기록이 아닌 가정의 대화 속 기록도 중요합니다. 읽은 책에 대해 짧게 이야기 나누는 것만으로도 사고의 깊이를 키울 수 있습니다.

1)이해·요약 질문

- "이 책의 주인공(저자)은 무엇을 해결하려고 했을까?"

- "책의 제목이 내용과 어떤 관련이 있을까?"

2)공감·비판 질문

- "주인공(저자)의 생각이나 선택 중 네가 공감하지 못한 부분은 무엇이 었니?"

- "이 책의 주제와 반대되는 생각을 가진 사람은 어떤 이유로 다르게 생 각할까?"

3)연결·확장 질문

- "이 책의 내용이 학교 수업 중 어떤 단원과 연결될까?"

- "이 내용이 네 진로와 관련된 점이 있을까?"

4)성찰·표현 질문

- "이 책을 읽고 네가 새롭게 생각하게 된 것은 뭐야?"

- "이 책을 다른 친구에게 소개한다면 어떻게 소개할래?"

학업 중단(자퇴)은
얼마나 발생하나요?

학교알리미 공시 자료에 따르면, 2024학년도 일반계 고등학교에서 학업을 중단한 학생은 약 1만 8천 명으로, 전년도 대비 7.3% 증가했습니다.

학생들이 학업을 중단하는 이유는 다양하지만, 가장 큰 이유는 대학 입시와 관련된 부담감 때문입니다. 일반계고에서는 내신 경쟁이 치열하고, 수행평가나 비교과 활동의 압박이 커서 학업 의욕을 잃는 경우가 많습니다. 학교생활을 하면서도 정시를 준비할 수 있다고 생각할 수 있지만, 자퇴를 결심하는 학생 입장에서는 수행평가와 수능 응시 과목 외의 수업에 심리적 부담을 느끼는 것이 사실입니다. 반면 외고나 자사고는 입학 전부터 높은 수준의 경쟁을 예상하고 진학하기 때문에 상대적으로 내신에 대한 충격이 덜해 학업 중단 학생이 적은 것으로 분석됩니다.

최근에는 서울 주요 대학 정시 40% 선발과 의대 증원 이슈, 그리고 내신 5등급제 전환(2028학년도 대입시부터) 등으로 인해 '학교 수업보다는 수능 준비에 집중하겠다' 이렇게 생각하고는 자퇴를 하는 학생도 늘고 있습니다. 이는 검정고시를 통해 수능 응시 자격을 얻고, 재수종합학원 등에서 공부를

     3부 | 고등학교 평가 시스템 이해

이어가겠다는 전략입니다.

하지만 검정고시의 현실적인 한계도 분명히 존재합니다. 검정고시 합격자의 대학 진학률은 약 3% 내외이며, 학생부 성적이 없는 탓에 수시 교과전형이나 학생부종합전형에는 지원조차도 할 수 없습니다. 정시나 논술 전형으로만 대학에 진학할 수 있습니다. 또한 최근 주요 대학들은 정시에서도 서류 평가(생활기록부)를 일부 반영하고 있어, 재학생에 비해 많이 불리한 것이 사실입니다.

고등학교는 단순히 대학 입시를 위한 공간이 아닙니다. 학교는 또래 관계, 협력, 사회적 성장의 경험이 이루어지는 중요한 사회화의 장입니다. 공부가 힘들더라도 친구들과 함께 배우고 성장하는 경험은 장기적으로 큰 자산이 됩니다. 반면, 학교를 떠난 뒤의 자기 주도적 학습은 생각보다 훨씬 어렵고, 심리적으로도 외로움과 동기 저하를 견뎌야 합니다.

중요한 것은 충동적인 결정이 아니라, 충분한 정보와 상담을 통해 '진짜 원하는 방향인지'를 스스로 점검하는 과정입니다. 자퇴는 '포기'가 아니라 '선택'이 될 수 있지만, 그 선택이 성공적인 결과로 이어지려면 강한 자기 관리 능력과 계획성, 그리고 가족의 지지가 반드시 필요합니다.

그리고 자퇴 이후 다시 학교로 돌아가는 재입학(같은 학교로 복귀)이나 편입학(다른 학교로 전학)도 가능합니다만, 당해 학년에는 불가능하고, 다음 학년도부터 가능합니다. 이 경우 자퇴 이전의 성적과 활동 기록은 모두 삭제되고 새롭게 작성됩니다.

자퇴를 고민하는 아이와
어떻게 대화해야 하나요?

"학교 그만두고 싶어요."라는 말을 들었을 때, 부모님 세대에서 자퇴는 흔한 일이 아니었기 때문에, 당황해서 어떻게 반응하는 것이 좋을지 몰라 합니다. 그래서 못 들은 척하거나 신경질적으로 반응하기가 쉽습니다. 시간이 지나면 생각이 바뀌겠지, 라는 생각으로 대화를 중단하는 경우도 많습니다.

자녀가 학교를 그만두고 싶다고 말하면 부모님은 다음의 세 가지 원칙을 꼭 기억하셔야 합니다. '감정보다 공감', '판단보다 탐색', '혼자보다 함께'입니다. 일단 자녀가 자퇴를 생각하게 된 감정을 이해하고 받아들여야 합니다. 그리고 왜 그런 생각을 하게 되었는지 이유를 고민해야 합니다. 그 다음으로 담임, 상담교사, 상담 전문가와 협력해서 문제를 풀고자 해야 합니다.

위의 세 가지 원칙을 적용한 단계별 대화 가이드는 다음과 같습니다.

1)1단계. '놀라지 않기'

즉각적인 반응을 자제합니다. 감정적으로 반응하지 않고, 자녀가 계속 이야기할 수 있도록 분위기를 유지합니다. "왜 그런 말을 하니?"처럼 추궁하는 어투는 피합니다. 놀람, 분노, 당황스러움은 자녀에게 '이야기하면 혼난다'는 신호로 작용할 수 있습니다. '이야기를 솔직하게 해도 괜찮다'는 안전감을 주는 것이 가장 먼저입니다.

"그래, 그런 생각을 하고 있구나.""지금 네가 정말 많이 힘들다는 걸 느낀다.""왜 그런 생각을 하게 됐는지 천천히 이야기해 줄 수 있을까?"

2)2단계. 이유 탐색

자퇴 결심의 핵심 원인을 함께 탐색합니다. 대부분의 자퇴 고민은 성적 문제보다는 무력감, 관계 갈등, 방향 상실 등 심리적 요인이 큽니다. '이유를 찾기 위한 질문'이 아니라 공감과 탐색의 질문으로 접근합니다. 자녀가 말을 꺼내면 끊지 말고 끝까지 들어 줍니다.

"성적이 마음대로 안 나와서 힘든 거니?""학교에 있는 게 싫은 이유가 공부 때문일까, 사람들 때문일까, 아니면 다른 이유가 있을까?" "요즘 학교 가는 게 하루 중 어떤 점이 가장 힘들었는지 말해 볼래?"

3) 3단계. 공감 표현

부정보다 이해를 먼저 합니다. 판단보다 감정의 인정과 지지를 먼저 전달합니다. 그만둔다고 해결되는 건 아니라거나, 무조건 참아야 한다, 같은 반응은 자녀의 마음을 닫게 합니다. 아이의 감정을 '인정'해 주면, 부모가 전하는 현실적 조언도 받아들일 가능성이 커집니다.

"그럴 수도 있겠구나. 그만큼 힘들었겠다." "너무 열심히 하려고 해서 오히려 지친 건 아닐까 싶어." "지금은 네가 쉬고 싶은 마음이 더 클 수도 있겠네."

4) 4단계. 현실 인식 돕기

선택의 결과를 함께 그려 봅니다. '자퇴'가 단순한 회피가 아니라 인생의 결정임을 자녀 스스로 깨닫게 유도합니다. 자퇴의 단점을 '훈계'로 나열하기보다, 자녀 스스로 답하도록 유도합니다. 이때 부모는 정보를 함께 확인해 주는 동반자 역할을 합니다. (예: 복학, 편입, 위탁교육 등)

"학교를 그만두면 하루 일과는 어떻게 될까?" "검정고시나 수능 공부는 혼자 해야 하는데, 네가 스스로 계획을 세워서 할 수 있을까?" "학교를 그만둔 뒤에 가장 힘들 것 같은 부분은 뭐라고 생각해?"

5)5단계. 대안 제시

학교를 완전히 떠나지 않는 방법을 찾아봅니다. 학교 밖이 아닌 학교 안에서 할 수 있는 변화를 함께 모색합니다. 이때 는 즉각적인 결정보다 시간을 두고 선택할 여지를 확보해야 합니다. 한 학기만 더 다녀 보자는 식의 제안도 좋습니다.

"학교 안에서도 조금 다른 방법으로 공부할 수 있는 길이 있을 거야. 자퇴만 생각하지 말고 전학 같은 방법도 한번 알 아보자." "너 혼자 고민하지 않도록 선생님과도 이야기 해 보 는 게 좋을 것 같아. 선생님과 상담해 볼까?"

6)6단계. 전문가와 연결하기

감정적 대화를 넘어, 학교와 연계한 공식 지원 체계를 활 용합니다. 담임, 진로 상담교사, 위클래스 상담 선생님에게 상담 요청을 합니다.

"이건 네가 혼자만 안고 갈 문제가 아니야. 담임 선생님이 나 위클래스 선생님과 함께 이야기하면 좀 더 구체적인 방법 을 찾을 수 있을 거야."

검정고시는
어떻게 칠 수 있나요?

상위권 대학 진학을 목표로 하는 학생들 중, 내신 성적이 기대에 미치지 않아 정시 중심으로 방향을 바꾸려는 경우에 검정고시를 고려하는 사례가 많습니다. 이런 상황일수록 부모님께서 제도와 절차를 정확히 아시는 것이 필요합니다.

고등학교 졸업 자격 검정고시는 매년 1년에 두 차례 시행됩니다. 응시 자격에는 몇 가지 조건이 있습니다. 고등학교 재학생은 응시할 수 없으며, 휴학 중인 학생도 불가합니다. 또한, 고등학교를 퇴학한 경우 퇴학일로부터 6개월이 지나야 검정고시 응시가 가능합니다. 자퇴 직후 바로 응시할 수 없다는 점을 꼭 기억해야 합니다.

검정고시 과목은 총 7과목입니다. 국어, 영어, 수학, 사회, 과학, 한국사는 필수 응시 과목입니다. 도덕, 기술·가정, 체육, 음악, 미술 중 1과목을 선택해서 선택 과목으로 응시합니다.

검정고시는 객관식 사지선다형 문항입니다. 고등학교의 내신 시험, 학력평가, 수능 등이 오지선다형 문항인 것에 비하면 차이가 있습니다. 수학을 제외한 과목은 25문항 × 4점으로 구성됩니다. 수학은 20문항 × 5점으로 구성됩니다. 과목별 배점은 과목마다 모두 100점 만점입니다.

합격은 고시 합격과 과목 합격으로 구분됩니다. 고시 합격은 검정고시에 합격하여 고등학교 졸업 자격을 부여받는 것입니다. 전체 과목의 평균이 60점 이상인 경우입니다. 과목 합격은 60점 이상인 과목에 대해서 합격으로 인정하는 것입니다. 그러면 다음번 검정고시에서 해당 과목은 응시하지 않고, 나머지 과목만 응시하면 됩니다.

검정고시는 주소지와 관계없이 응시 원서를 낸 시·도에서 시험을 치를 수 있습니다. 예를 들어 기숙학원에서 공부하는 학생이라면, 해당 지역 교육청을 통해 응시할 수 있습니다.

검정고시는 시험 자체의 어려움은 크지 않지만, 꾸준히 혼자서 공부를 지속하느냐 마느냐가 더 큰 어려움입니다. 시험 자체의 난도는 학력평가 등과 비교해서 훨씬 쉽습니다. 다만, 학교의 수업, 친구, 선생님의 관리 없이 스스로 계획하고 실행해야 하기 때문에 자녀의 자기관리 능력, 학습 의지, 생활 리듬을 함께 점검하는 것이 중요합니다.

자녀가 자퇴를 하고 검정고시를 준비하는 것으로 결정했다면, 합격 이후 수능·대학 진학 계획까지 구체화해서 접근하는 것이 실제 입시 성공의 가능성을 높입니다. 무엇보다 "학교를 떠난다는 것"의 의미를 감정이 아닌 현실과 경험의 관점에서 차분히 이야기해 주시기를 바랍니다.

최근 제가 담임을 맡고 있는 학반에서도 자퇴를 결정한

학생이 있었습니다. 담임 교사로서 여러 번 상담도 하고 만류도 했지만, 학생과 부모님의 결심이 확고해서 자퇴를 결정하게 되었습니다.

자퇴를 하기 전 학급 학생들과 교실에서 송별회를 하고, 근처 음식점에 가서 학급 회식을 했습니다. 자퇴 이후에도 수시로 어떻게 지내는지를 물어보기도 하고, 학력평가를 치고 나면 시험지를 구해서 풀었는지, 성적이 어느 정도 나왔는지 물어보기도 했습니다. 결국에는 그 시간을 잘 견뎌 검정고시에 합격도 하고 이후 수능을 치고 대학에도 진학했습니다.

아직은 어린 나이의 학생이다 보니 주변의 어른들이 지속적으로 관심을 가져 주고, 자퇴 이후에도 학교 선생님이나 친구들과 꾸준히 연락을 주고받으며, 혼자가 아니라 함께 하고 있다는 마음을 가질 수 있도록 하는 것이 중요합니다.

4부

대학 입시 제도 이해

2028 대입 개편안은
무엇인가요?

2028학년도 대학 입시부터는(2026년 현재 고2가 치르는) 지금까지와는 다른 체계로 운영됩니다. 2027년 11월에 치러지는 2028학년도 수능부터는 통합형·융합형 수능이 본격적으로 시행되는데, 이는 기존의 선택 과목 구조를 없애고 모든 학생이 동일한 기준과 내용으로 평가받는 방식을 말합니다.

그동안 국어와 수학에서는 선택 과목에 따라 난이도가 달라지고, 사회·과학탐구 영역에서는 선택 조합에 따라 유불리가 발생한다는 지적이 많았습니다. 예를 들어, 수학에서 확률과 통계를 선택한 학생과 미적분을 선택한 학생이 같은 시험을 치르더라도 점수 환산 과정에서 불리하거나 유리한 경우가 생겼던 것입니다.

2028 수능 개편안은 이러한 문제를 해소하기 위해 선택 과목을 폐지하고, 모든 학생이 동일한 시험을 보도록 했습니다. 특히 사회·과학탐구 영역에서는 기존처럼 '사회 과목 중 하나, 과학 과목 중 하나'를 선택하는 것이 아니라, 모든 응시자가 사회와 과학을 함께 응시합니다. 이렇게 함으로써 특정 과목 선택에 따른 불평등을 줄이고, 수능의 공정성을 강화하고자 했습니다.

　　　　　　　　　　　　　　

영역	현행(~2027수능)	개편안(2028수능~)
국어	공통+2과목 중 택1 •공통:독서, 문학 •선택:화법과작문, 언어와 매체	공통(화법과언어, 독서와 작문, 문학)
수학	공통+3과목 중 택1 •공통:수학Ⅰ, 수학Ⅱ •선택:확률과통계, 미적분, 기하	공통(대수, 미적분Ⅰ, 확률과통계) *대수: 기존 수학Ⅰ *미적분Ⅰ: 기존 수학Ⅱ
영어	공통(영어Ⅰ, 영어Ⅱ)	공통(영어Ⅰ, 영어Ⅱ)
한국사	공통(한국사)	공통(한국사)
탐구 — 사회·과학	17과목 중 최대 택2 •사회: 9과목 한국지리, 세계지리, 세계사, 동아시아사, 경제, 정치와법, 사회·문화, 생활과윤리, 윤리와사상 •과학: 8과목 물리학Ⅰ, 화학Ⅰ, 생명과학Ⅰ, 지구과학Ⅰ, 물리학Ⅱ, 화학Ⅱ, 생명과학Ⅱ, 지구과학Ⅱ	•사회 : 공통 (통합사회) •과학 : 공통 (통합과학)
탐구 — 직업	1과목:5과목 중 택1 2과목:공통+[1과목] •공통:성공적인직업생활 •선택:농업기초기술, 공업일반, 상업경제, 수산·해운산업기초, 인간발달	•직업 : 공통 (성공적인 직업생활)
제2외국어/한문	9과목 중 택1 •제2외국어/한문: 9과목 독일어Ⅰ, 프랑스어Ⅰ, 스페인어Ⅰ, 중국어Ⅰ, 일본어Ⅰ, 러시아어Ⅰ, 아랍어Ⅰ, 베트남어Ⅰ, 한문Ⅰ	9과목 중 택1 •제2외국어/한문: 9과목 독일어, 프랑스어, 스페인어, 중국어, 일본어, 러시아어, 아랍어, 베트남어, 한문

※ 음영 표기는 "절대평가" 적용 영역

부모님 세대에서는 고등학교에서 가장 중요한 학년을 고3이라고 생각할 것입니다. 실제로 수능을 치러야 하니 고3이 중요한 시기인 것은 맞습니다. 그런데 바뀐 수능에서 통합사회, 통합과학은 고1에서 배우는 것인만큼 고등학교에 입학해서 적응하는 고1의 시기를 얼마나 충실히 보내느냐가 더욱 중요해졌습니다.

수시와 정시는
어떻게 다른가요?

대학에 진학하는 길은 크게 수시 전형과 정시 전형으로 구분합니다. 두 가지는 선발 시기, 평가 방식, 그리고 학생에게 요구하는 준비 과정이 서로 다릅니다.

먼저 수시 전형입니다. 수시는 학생부교과전형, 학생부종합전형, 논술전형이 있습니다. 이중 학생부교과전형은 교과 성적만 반영하는 전형이 대부분이고, 면접을 반영하거나, 출결을 반영하기도 합니다. 전형에 따라 각각의 수능 최저학력기준를 충족해야 하기도 합니다. 학교장추천 전형도 학생부교과전형에 포함됩니다. 학생부종합전형은 학교생활기록부를 중심으로 고등학교 생활 전반을 종합적으로 평가하는 방식입니다. 내신 성적, 학교생활기록부, 비교과 활동, 면접 등이 주요 요소가 됩니다. 특히 학교생활기록부에 담긴 학생의 과목 선택, 세부능력특기사항, 동아리 활동, 봉사활동, 진로 탐색 과정 등이 중요한 근거 자료가 됩니다. 단순히 시험 점수만이 아니라 학생이 3년 동안 어떻게 생활하고, 무엇을 배우고, 어떤 태도를 보였는지를 종합적으로 본다는 점에서 '고등학교에서의 공부와 생활을 살펴보는 전형'이라고 할 수 있습니다. 학생부종합전형은 고등학교 시기 동안 꾸준히 준비해야 하기 때문에, 하루아침에 결과를 만들 수는 없습니다. 따라서 진로가 비교적 명확하고 학교생활에 적극적으로 참여하는 학생에게 유리합니다. 논술 전형은 대학별로 평가 문항을 개발하고 평가 기준을 설정하기 때문에 대학마다 큰 차이가 있습니다. 내신 영향력이 낮아 논술고사 성적이 핵심입니다.

정리하면, 수시에는 학생부교과전형(성적 중심), 학생부종합전형(과정 중심), 논술전형(역량 중심)이 있습니다. 그리고 여러 전형을 섞어 최대 6곳까지 지원 가능합니다.

1)학생부교과전형: "숫자로 증명하는 성실함"
- 핵심 요소: 내신 등급(숫자) + 수능 최저학력기준
- 특징: 학교 내신 성적을 정량적으로 평가하여 선발합니

다. 가장 객관적이지만 그만큼 합격선이 명확합니다.

- 참고: 학교장 추천이 필요한 경우가 많으며, 대학에 따라 면접이나 출결을 추가로 보기도 합니다.

2)학생부종합전형(학종): "스토리로 보여주는 가능성"

- 핵심 요소: 학교생활기록부 전체(세특, 동아리, 진로 활동 등) + 면접

- 특징: 숫자(등급) 뒤에 숨겨진 학생의 태도, 과목 선택, 탐구 역량을 종합적으로 평가합니다.

- 유리한 학생: 진로가 뚜렷하고, 학교 수업과 활동에 주도적으로 참여하며 자신만의 '성장 서사'를 가진 학생에게 적합합니다.

3)논술전형: "사고력과 문제해결력으로 뒤집는 역전극"

- 핵심 요소: 대학별 논술고사 성적 + (낮은 비중의) 내신

- 특징: 내신 성적의 영향력이 가장 적습니다. 대학이 직접 출제하는 시험을 통해 비판적 사고력과 문제 해결력을 평가합니다. 수능 최저 기준이 있는 학교도 있습니다.

- 유리한 학생: 내신 등급은 다소 낮지만, 특정 과목(인문-글쓰기, 자연-수학/과학)에 강점이 있어 실전 고사에서 역전을 노리는 학생에게 유리합니다.

정시 전형은 수시에 비해 간단합니다. 대학수학능력시험 (수능) 성적을 중심으로 학생을 선발합니다. 수능 점수가 결정적인 요소가 됩니다. 정시는 말 그대로 '수능 시험 성적'이 승부처가 됩니다. 따라서 고등학교 3학년, 특히 수능이 가까워질수록 집중적으로 공부해 실력을 끌어올린 학생에게 많은 기회가 열리는 전형입니다. 그러나 최근에는 내신을 일부 반영하는 대학이 생기는 등 변화가 있으니 주의 깊게 살펴야 합니다.

1) 수능 위주 전형: "단판 승부의 정석"

- 핵심 요소: 수능 성적 (표준점수, 백분위, 등급)
- 특징: 수시 지원 결과가 모두 발표된 후, 수능 점수만으로 대학에 지원합니다.
- 지원 방식: 가군, 나군, 다군으로 나뉘며, 각 군당 딱 한 군데씩 총 3번의 지원 기회가 주어집니다.

2) 정시 내신 반영 (최근 트렌드): "끝까지 놓을 수 없는 내신"

- 핵심 요소: 수능 성적 + 학생부(내신/교과 이수 현황)
- 특징: 서울대, 고려대, 연세대 등 일부 상위권 대학을 중심으로 정시에서도 내신 성적이나 '교과 이수 충실도'를 반영하는 추세입니다.

- 유리한 학생: 수능 점수가 압도적이면서도 고교 3년 동안 학교 수업을 소홀히 하지 않은 학생에게 유리합니다.

3) 실기/실적 위주 전형: "재능과 점수의 조화"
- 핵심 요소: 수능 성적 + 실기 고사
- 특징: 예체능 계열 학생들이 주로 지원하며, 수능 성적으로 일정 배수를 선발한 뒤 실기 시험으로 최종 합격자를 가립니다.

정리하면, 수시(총 6장 원서)는 학생의 고등학교 생활 3년의 기록과 과정을, 정시(총 3장 원서)는 수능이라는 한 번의 성적을 중심으로 평가한다고 이해하면 됩니다. 그런데 최근 들어 대학들이 수시와 정시를 구분 없이 복합적으로 운영하는 경우가 늘어나고 있습니다. 예를 들어 수시에서 수능 최저를 충족하도록 하거나, 정시에서도 학생부를 일부 반영하는 식입니다.

학생 입장에서 중요한 것은 두 전형이 서로 대립적인 길이 아니라, 서로 보완적인 길이라고 이해해야 한다는 점입니다. 어떤 학생은 수시로 기회를 얻고, 또 다른 학생은 정시에서 역량을 발휘합니다. 그래서 자녀가 수시에 강점이 있는지, 정시에 강점이 있는지 일찍 파악하는 것이 중요합니다. 수시는 성적뿐 아니라 학교생활 태도, 비교과 활동까지 종합적으로 평가되므로, 학교생활에 적극적으로 참여하도록 격려해 주는 것이 필요합니다. 반대로 정시에 비중을 두려면, 학원이나 사교육보다도 꾸준한 자기 주도 학습 습관이 필수입니다. "어느 길이 옳다"라기보다는, 학생의 성향과 강점이 어디에 있는지를 함께 고민해 주는 것이 필요합니다.

자녀에게 이렇게 말해 주세요

"대학에 가는 길은 하나만 있는 게 아니야. 수시는 네가 3년 동안 어떻게 생활했는지를 보여 주는 거고, 정시는 수능이라는 시험에서 집중력을 발휘하는 거야. 네가 어떤 방식에서 더 잘할 수 있는지를 생각하고, 그에 맞게 준비하면 돼. 중요한 건 길이 여러 개라는 걸 알고, 끝까지 포기하지 않는 거야."

수시에서의 학생부교과전형은
무엇인가요?

각 입시 전형에 대해 좀 더 세부적으로 살펴보겠습니다.

학생부교과전형은 말 그대로 학교 내신 성적(교과 성적)을 중심으로 학생을 선발하는 전형입니다. 학교 수업에 성실히 참여하고, 꾸준히 좋은 성적을 유지해 온 학생에게 유리한 전형입니다.

서울 주요 대학에서는 학생부교과전형의 모집 인원이 상대적으로 적지만, 지방 국립대나 중·하위권 대학에서는 여전히 가장 중요한 수시 전형입니다. 교과 성적을 중심으로 평가하기 때문에 합격선 예측이 비교적 쉬우며, 평가 기준이 명확하다는 장점이 있습니다. 또 여러 대학에 중복 합격하는 학생이 많아서, 추가 합격(충원 합격)이 활발히 이루어지는 전형이기도 합니다.

다만 '학생부교과전형 = 내신만 반영한다'고 단정하기는 어렵습니다. 대학과 전공에 따라 수능 최저학력기준(수능 최저)을 적용하거나, 면접을 병행하거나, 국어·수학·영어·사회(또는 과학) 중 성적이 좋은 과목만 반영하는 등 대학별 전형 방식이 다르기 때문입니다. 따라서 전 과목의 내신이 완벽하지 않더라도, 대학의 반영 방식에 맞춘 전략적인 지원이 필요합니다.

성적 산출 방식 역시 대학마다 다릅니다. 어떤 대학은 '등급'을 기준으로, 또 다른 대학은 '원점수'나 'Z점수(평균과 표준편차를 고려한 점수)'를 함께 반영하기도 합니다. 따라서 반드

     4부 | 대학 입시 제도 이해

시 해당 대학의 모집 요강을 꼼꼼히 확인해야 합니다.

특히 2025학년도 고1부터 적용되는 내신 5등급제에서는 최상위권 대학의 변별력이 낮아질 것으로 예상됩니다. 이에 따라 단순히 교과 성적만으로는 학생을 구분하기 어려워, 앞으로는 학교생활기록부 전반을 바탕으로 한 정성평가나 면접형 전형의 비중이 점차 커질 것으로 보입니다.

수시에서의 학생부종합전형은 무엇인가요?

대학 입시에서 학생부종합전형은 단순히 점수만으로 학생을 평가하지 않고, 고등학교 생활 전반을 종합적으로 살펴보는 전형입니다. 과거에는 비교과 활동의 양이나 외부 스펙이 강조되던 시기도 있었지만, 앞으로는 학교 수업을 중심으로 한 활동과 그 과정에서의 성장이 핵심이 될 것입니다.

무엇보다 중요한 것은 수업 속에서 보여 주는 학업 태도와 탐구 과정입니다. 시험 점수는 기본이지만, 수업 시간에 발표를 하거나 질문을 던지고 보고서를 작성하며 탐구한 내용이 교과 세부능력 및 특기사항(세특)에 기록됩니다. 이때 추가 탐구 활동을 선생님에게 추천해 달라고 요청해도 좋습니다. 그러면 과학 시간에 단순히 실험 보고서를 제출하는 것에만 그치지 않고, 결과에서 생긴 의문을 탐구하여 발표하거나, 조별 활동에서 자신이 맡은 자료를 깊이 있게 조사해 공유하는 모습이 의미 있게 남습니다. 즉, 학생생활생기부에 구체적인 행동 특성으로 기록됩니다. 이처럼 '배움의 과정'이 기록되는 것이 곧 학생부종합전형의 중요한 근거가 됩니다.

나중에 어떤 전형으로 대학을 지원할지 모르기 때문에 자신이 한 활동을 그때그때 정리해 두는 것을 추천합니다. 정리를 해 두면 훗날 면접 평가 준비에 큰 도움이 될 뿐만 아니라 앞으로 어떤 활동을 해야 할지를 계획하는 데에도 도움이 됩니다.

또 하나 중요한 요소는 진로와 관련된 일관성입니다. 희망하는 진로가 있다면 교과 활동·동아리·독서·봉사 등이 서로 연결되도록 하는 것이 좋습니다. 인문학에 관심이 있다면 글쓰기·토론·인문학 관련 독서 활동을 꾸준히 이어 가는 것이 설득력을 높입니다. 공학에 관심이 있다면 과학 실험·수학 탐구·공학 관련 체험 활동이 하나의 흐름이 됩니다. 이러한 활동을 모두 모아 학생부에 '하나의 이야기'로 만든다면, 대학에서는 학생의 진정성과 성장 과정을 쉽게 확인할 수 있습니다.

부모님의 역할 역시 변화했습니다. 예전처럼 외부 대회나 특별 스펙을 쌓아 주는 것보다는 학교 수업 속 탐구와 기록을 이어 가도록 돕는 것이 훨씬 효과적입니다. 독서를 할 때 단순히 책을 읽는 데 그치지 않고, 관련 신문 기사나 자료를 찾아 함께 이야기해 보거나, 활동 후 간단히 메모하도록 습관을 만들어 준다면, 향후 교사가 학생의 배움을 더 구체적으로 기록할 수 있습니다. 무엇보다 자녀가 다른 친구들과 비교하며 불안해 하지 않도록 격려해 주는 것이 중요합니다.

정리해 보겠습니다. 앞으로 학생부종합전형은 '정성 평가의 구체화'라는 방향으로 나아갑니다. 추상적인 표현 대신, 실제로 무엇을 하고 어떤 변화를 겪었는지가 기록에 남습니다. 학생은 수업 중심 활동에 충실하면서, 자신만의 진로와 연결된 이야기를 만들어 가는 것이 필요합니다.

수업 중 바른 자세로 집중하고 열심히 참여하는 것만으로도 교사의 기억에 잘 남는다는 사실을 마지막으로 꼭 강조하고 싶습니다.

입학사정관들은 학교생활기록부에서 무엇을 보고 싶어 하나요?

입학사정관들은 학생의 '학교생활 전반에서의 변화와 성

장'을 보고 싶어 합니다. 이 말은 학생이 어떤 과정을 거쳐 성장했는지를, 학교생활기록부 안에서 하나의 이야기로 읽고 싶다는 뜻입니다. 즉, 입학사정관이 보고 싶은 학생부는 '성적이 좋은 학생'이 아니라, '스스로 배우며 성장하는 학생'의 기록입니다. 그러한 학생의 이야기가 자연스럽게 흐를 때, '좋은 학생부'가 됩니다.

입학사정관이 직접 학생을 만나지 않더라도, 기록만으로 "이 학생은 어떤 배움을 통해 성장했는가?" "진로를 향해 얼마나 주도적으로 탐색했는가?"를 읽을 수 있어야 합니다. 그래서 학생부는 단순히 '참여했다'는 사실을 나열하는 문서가 아니라, 학생의 '성장 서사'(Story of Growth)를 보여 주는 기록이어야 합니다.

교과 영역에서는 학업성취도(내신 등급)와 세부능력 및 특기사항(세특)이 가장 중요한 평가 자료입니다. 성취도는 학업 역량의 객관적인 지표이고, 세특은 그 학생이 어떤 태도로 배우고, 어떤 주제를 탐구했는지를 보여 주는 질적 지표입니다.

입학사정관은 이 두 가지를 함께 읽으며 "이 학생은 꾸준히 배우는 힘이 있구나" "탐구를 통해 자신의 생각을 발전시키는구나" 등을 판단합니다.

창의적 체험활동 영역에서는 단순히 '많이 참여했다'가 아니라, '그 활동을 통해 무엇을 배우고 어떻게 성장했는가'를 봄

     4부 | 대학 입시 제도 이해

니다. '과학탐구 동아리 활동 참여'보다 '과학탐구 동아리에서 실험 설계를 제안하고, 실패 원인을 분석하며 문제 해결력을 기름' 같은 서술이 의미 있는 기록입니다. 즉 결과보다 과정, 활동보다 변화, 참여보다 주도성을 더 중요하게 평가합니다.

학생들이 활동의 개수를 늘리려 하고, 생활기록부에 다양한 활동이 나열되기를 바라는 경우가 있습니다. 활동의 수보다 과정의 깊이가 더 중요하다는 것을 다시 한번 강조드리고 싶습니다. 한 활동이라도 꾸준히, 주도적으로 이어지면 좋은 기록이 됩니다.

지역인재 전형의 지원 자격은
어떻게 달라지나요?

2028학년도 대학 입시부터는 지역인재 전형의 지원 자격이 한층 강화됩니다. 지금까지는 해당 지역의 고등학교만 졸업해도 지원할 수 있었지만, 앞으로는 중학교부터 고등학교까지의 교육 이력과 실제 거주 요건을 모두 충족해야 지역인재로 인정받을 수 있습니다.

구체적으로는 2022학년도에 중학교에 입학한 학생부터 비수도권 중학교에서 전 교육과정을 이수하고 졸업할 것, 해당 대학이 위치한 지역의 고등학교에서 전 교육과정을 이수하고 졸업할 것, 본인과 부모 모두 중·고등학교가 있는 지역에 실제 거주할 것, 이렇게 세 가지 조건을 모두 만족해야 합니다. 단순히 주소지만 이전해 두거나 잠시 해당 지역 학교를 다니다 전학하는 경우로는 인정되지 않으며, 입학부터 졸업까지의 연속적인 재학 이력과 실거주 사실이 증빙되어야 합니다.

지역인재 전형은 수도권을 제외한 지역의 학생들에게 기회를 주기 위한 제도입니다. 특히 의대, 약대, 간호대 등 일부 학과에서는 강원·제주를 제외하고 신입생의 20% 이상을 지역인재로 선발해야 하는 의무 비율이 적용됩니다. 지원 자격이 제한되어 있기 때문에 경쟁률은 일반 전형보다 다소 낮은 편이지만, 일부 의학·보건 계열 학과는 졸업 후 해당 지역에서 일정 기간 근무해야 하는 지역 의무 복무 조건이 포함되기도 합니다.

지원할 때는 몇 가지 유의 사항을 꼭 확인해야 합니다. 우선 실거주 요건이 강화되어 단순 전입신고만으로는 인정되지 않으며, 가족 전체의 실제 거주 여부가 심사 과정에서 확인되어야 합니다. 또한 대학마다 지역의 범위, 거주 기간, 증빙 서류 등이 조금씩 다르므로 반드시 해당 입학처의 모집요강을 확인해야 합니다.

2028학년도 대입부터는 중학교 입학 시점부터 지역 요건이 적용되기 때문에, '고등학교 진학 시점에 주소만 옮겨 지원 자격을 맞추는 방식'은 더 이상 불가능해집니다. 즉, 중학교부터 거주지와 진학 지역의 일관성이 중요해졌습니다. 따라서 자녀가 지역인재 전형을 염두에 두고 있다면, 중학교 단계부터 진학 계획과 거주지를 함께 고려하는 것이 필요합니다.

수시파, 정시파, 논술파는 뭔가요?

학생들이 수시를 주력으로 생각하다가 내신 성적이 충분히 나오지 않으면, 스스로를 '정시파'라고 말하고 수능 준비에만 매달리고 학교 수업을 등한시합니다. 그러다 학력평가 성적도 충분히 나오지 않으면 나중에 자신은 '논술파'라고 주장합니다.

가장 기본적으로 기억해야 할 것은 수시와 정시의 공부 방향이 다르지 않다는 점입니다. 학교 공부를 충실히 하는 것이 내신 성적 향상으로 이어져 수시에 도움이 되고, 동시에 수능 준비에도 직결됩니다. 학교 수업을 충실히 하고 기초를 탄탄히 다지는 것이 두 전형 모두를 위한 가장 중요한 준비입니다.

하지만 현실에서는 내신 성적이 기대만큼 오르지 않아 정시에 주력하겠다고 마음먹는 경우가 많습니다. 이때 단순히 "내신이 안 좋으니 무조건 정시" 이렇게 생각하기 보다는 학교 시험의 성격과 자신의 학력평가·수능 모의 성적을 함께 고려해서 결정해야 합니다. 예를 들어, 어떤 학교는 시험이 암기 위주로 출제되는 경우가 있어 내신 성적은 낮지만, 수능형 문항에는 강점을 보이는 학생도 있습니다. 반대로 내신 성적이 괜찮더라도 수능형 문제 풀이에 어려움을 겪는 학생도 있습니다. 따라서 내신과 모의고사 성적을 함께 살펴 자신에게 맞는 방향을 정하는 것이 무엇보다 중요합니다.

그리고 정시를 준비한다면 반드시 기억해야 할 점이 있습니다. 바로 졸업생까지 함께 경쟁한다는 사실입니다. 그래서 3월, 5월 학력평가에서의 성적만을 보고 '이 등급이 내 수능 성적'이라고 단정해서는 안 됩니다. 수능까지 남은 시간 동안 얼마나 체계적으로, 꾸준히 학습하느냐가 실제 성적을 좌우합니다.

많은 선생님들이 정시만 준비하겠다고 선언하는 학생들을 만류하는 이유는 정시 준비를 결심한 학생들 중 상당수가 내신 공부는 느슨해지고, 정시 공부 또한 체계적이지 못해 결국 입시에 실패하는 경우가 많기 때문입니다. 정시에 주력한 다면 그만큼 더 분명하고 체계적인 학습 계획이 필요합니다.

또 하나 놓치지 말아야 할 부분은 논술 전형입니다. 겉보기 경쟁률은 매우 높지만, 실제 경쟁률은 수능 최저 충족 여부에 따라 절반 이하로 떨어지는 경우가 많습니다. 그러나 논술 역시 교과 학습이 뒷받침되지 않으면 결코 합격할 수 없습니다. 인문 논술은 백일장과 결이 다른 시험입니다. 글쓰기 능력이 중요한 것이 아니라 사고력과 문제해결력이 중요한 시험입니다. 특히 상경 계열 모집 단위는 수리 논술 문항이 포함된 경우도 있어서 수학적인 분석력을 필요로 합니다. 수리 논술도 신중한 접근이 필요합니다. 학교 내신 시험이나 학력평가의 수학 등급이 우수하지 않은 학생이라면 수리 논술의 경쟁력이 있다고 보기 어렵습니다.

논술은 인기 학과의 경우 경쟁률이 수시·정시보다 훨씬 높습니다. 예를 들어, 2026학년도 대학 입시에서 아주대 약학과 논술 전형은 5명 모집에 3,541명이 지원해 무려 708 대 1의 경쟁률을 기록했습니다. 성균관대 의예과와 약학과도 500대 1을 넘겼습니다. 이처럼 논술은 기회이기도 하지만, 철저히 준비하지 않으면 성과를 내기 어려운 전형이기도 합니다.

수시모집은 학생부 중심 전형입니다. 다만 수도권 대학만

놓고 보면, 전국 평균과는 조금 다른 양상을 보입니다. 전국적으로는 학생부교과전형(내신 성적 위주)보다 학생부종합전형(내신을 포함해 고교 생활 전반)의 선발 비율이 약 23.7% 정도이지만, 수도권 대학의 경우 학생부종합전형 비율이 훨씬 높아 약 44%에 이릅니다. 즉, 수도권 대학일수록 성적(교과)보다 학교생활 전반을 평가하는 학생부종합전형의 비중이 크다고 이해하면 됩니다.

정시모집은 수능 위주로 선발합니다. 주요 대학의 경우 정시 수능 전형 선발 비율을 40% 로 유지하고 있습니다. (주요 대학: 건국대, 경희대, 고려대, 광운대, 동국대, 서강대, 서울대, 서울시립대, 서울여대, 성균관대, 숙명여대, 숭실대, 연세대, 중앙대, 한국외대, 한양대 / 16개 대학)

정리해 보겠습니다. 자녀가 수시와 정시 중 어떤 전형에 무게를 둘지 고민할 때, 부모님은 '결과'보다 '과정'을 살펴야 합니다. 단순히 내신 등급만 보고 방향을 정하기보다는 자녀의 시험 준비 태도와 학습 습관을 함께 확인해야 합니다.

만약 정시를 준비하겠다고 한다면, 내신을 소홀히 하지 않으면서도 수능형 공부를 체계적으로 이어갈 수 있도록 일정을 점검해 주는 것이 필요합니다. 논술을 고려한다면, 해당 대학의 입학처 홈페이지를 확인해서 선행 학습영향평가 결과보고서 파일을 확인하고 꾸준히 연습할 수 있도록 해야 합니다. 이 결과보고서 안에 논술 기출문제와 해답이 제시되어 있습니다.

정시는
수능만 잘 보면 되나요?

많은 학부모님들께서 정시는 곧 수능이라고 생각하십니다. "내신은 이미 놓쳤으니 수능만 잘 보면 되지 않나요?"라는 질문을 상담 자리에서 자주 합니다. 실제로 정시는 여전히 수능 중심 전형이 맞습니다. 그러나 최근 주요 대학들의 흐름을 보면, 정시라고 해서 수능 점수만으로 학생을 선발하지는 않습니다.

서울대학교, 고려대학교, 연세대학교, 성균관대학교(사범대), 한양대학교 등 일부 대학은 정시에서도 학생부(내신)를 반영합니다. 단순히 등급만 보는 것이 아니라, 어떤 과목을 선택했는지, 그 과목을 얼마나 충실히 이수했는지, 성취도가 어떤지, 나아가 세부능력특기사항까지도 참고합니다. 따라서 정시를 준비하는 학생이라 하더라도 학교 수업을 소홀히 해서는 안 됩니다.

또한 정시는 지원 경쟁에서 졸업생, 재수생 등 누적된 인

212

원이 함께 치열하게 경쟁한다는 특성이 있습니다. 그렇기 때문에 "내신은 안 되니 정시로 가야겠다" 이렇게 선택하는 것은 수능 준비를 끝까지 치밀하게 이어 갈 수 있는 자기 관리 능력을 함께 요구합니다.

수시든 정시든 기본은 같습니다. 학교 수업에 충실하고, 그 과정에서 쌓은 학습 역량을 수능에서 발휘하는 학생이 좋은 결과를 얻습니다.

자녀가 "정시만 보겠다"고 할 때는 수능 준비를 체계적으로 이어 갈 수 있는 자기 관리가 가능한지 꼭 확인해야 합니다. 수능과 내신, 두 축을 균형 있게 바라보도록 격려해 주시면 좋습니다.

내신,
꼭 1등급이어야 할까요?

2022 개정 교육과정이 적용되면서 내신은 이제 5등급제로 운영됩니다. 등급 구간이 넓어지면서, 처음 제도가 발표되었을 때는 "모든 과목에서 1등급을 받아야만 서울 주요 대학에 진학할 수 있다."라는 불안이 학부모와 학생들 사이에 크게 퍼졌습니다. 심지어 일부 학생들은 내신에 불리하다는 이

　　　　　4부 | 대학 입시 제도 이해

유로 자퇴를 선택하고, 검정고시를 통해 대입을 준비하려는 사례도 나타났습니다.

그렇다면 정말로 '올1', 즉 모든 과목에서 1등급을 받아야만 좋은 대학 진학이 가능할까요? 실제 통계를 보면 꼭 그렇지도 않습니다. 서울, 경기, 부산 지역의 고등학교에서 1학년 1학기 성적을 조사했을 때, 모든 과목에서 1등급을 받은 학생은 전체의 1.5~2.3%에 불과했습니다. 게다가 학년이 올라가고 선택 과목이 다양해질수록 모든 과목에서 1등급을 유지하는 학생은 더 줄어듭니다. 내신 1.0을 받는 학생이 극소수라는 점을 고려한다면, 현실적으로 모든 과목에서 '올1'을 목표로 삼는 것은 지나치게 엄격한 기준입니다.

고1 시기에는 공통과목 중심이라 전교생이 같은 과목을 수강합니다. 따라서 상대적으로 1등급 학생이 많을 수 있지만, 실제 수치를 보면 여전히 극소수입니다. 2학년 이후에는 진로에 따라 과목을 선택하게 되는데, 수강 인원이 줄어들수록 각 과목에서 상위 등급을 차지하기는 더 어렵습니다. 즉, 걱정했던 것처럼 1등급 학생이 폭발적으로 늘어나 입시 혼란이 생기는 상황은 현실적으로 발생하기 어렵다는 의미입니다. 물론 이것은 관점을 달리해서 보면 내신 등급을 만회할 기회가 많다는 것을 의미하기도 합니다.

내신을 바라볼 때 단순히 등급만을 강조하기보다, 대학 입시 전형의 변화를 주목해야 합니다. 최근에는 교과 전형에서도 단순 점수뿐 아니라 학생부 기록 전반을 정성적으로 평가하려는 움직임이 뚜렷합니다. 반대로 종합전형에서도 과목 성취도를 세밀히 살펴보고 교과적인 측면을 더 강조하는 경향이 있습니다. 즉, 교과 전형은 종합전형처럼, 종합전형은 교과 전형처럼 서로의 특징을 일부 흡수하며 점점 더 종합적인 평가를 지향하고 있는 것입니다.

이러한 흐름 속에서 내신 성적뿐 아니라 어떤 과목을 선택했는지, 그 과목에서 어떻게 학업 태도와 역량을 보여 주었는지, 세부능력 및 특기사항(세특)에 어떤 내용이 기록되었는지가 함께 중요해졌습니다. 교과 등급의 변별력이 줄어들었기 때문에 학교생활기록부의 정성평가가 강조되는 것입니다.

또 한 가지, 최근에는 대학들이 면접을 강화하고 있다는 점도 주목할 만합니다. 과거처럼 형식적인 확인 절차가 아니라, 학생이 실제로 배운 것을 얼마나 자기 언어로 설명하고 적용할 수 있는지를 검증하는 자리로 면접이 변화하고 있습니다. 따라서 단순히 성적을 포장하는 것이 아니라, '진짜 아는 학생'으로 성장하는 것이 무엇보다 중요해졌습니다.

'올1'을 받아야만 의미가 있는 것은 아닙니다. 학생의 진로에 맞는 과목을 충실히 이수하고, 그 안에서 진정성 있게 배우고 탐구한 흔적을 남기는 것이 더 큰 힘을 발휘합니다. 대학은 성적 그 자체만이 아니라, 학생의 성취 과정과 가능성을 함께 보고자 합니다. 내신을 성적표의 숫자가 아닌, 성장의 기록으로 받아들이는 태도가 앞으로의 대입에서 더욱 중요합니다.

자녀에게 이렇게 말해 주세요

"내신에서 1등급을 받는 건 분명 기쁘고 의미 있는 일이야. 하지만 모든 과목에서 다 1등급을 받지 않아도 괜찮아. 더 중요한 건 네가 선택한 과목에서 얼마나 성실하게 배우고, 그 과정을 통해 얼마나 성장했는지야."

고교 유형에 따른 대입 제도의 유불리는 어떻게 되나요?

1) 일반계고

다양한 수준의 학생이 모여 있고, 상대적으로 내신 관리가 가장 쉽기 때문에 학생부 교과 전형이 가장 유리합니다. 일반계고에서도 다양한 활동을 운영하는 학교가 있습니다. 이런 경우라면 학생부종합전형을 지원해 볼 수 있겠지만, 특목고나 자사고와 비교할 때 경쟁력이 있는지 살펴봐야 합니다. 그리고 일반계고에서는 수시로 진학할 확률이 높아서 수능 준비 중심의 수업이 많지 않은 한계가 있습니다.

2)특목고

학교의 다양한 활동을 바탕으로 학생부 종합전형을 지원하는 데 강점이 있습니다. 과학고는 수리·과학 논술에서 강점을 보입니다. 학교에서 수능 준비 수업을 하지 않는 경우도 많아서 개별적으로 수능 준비를 해야 합니다. 수능보다 학생부종합전형이 유리합니다.

3)자사고

수능 준비에 맞춤한 수업을 하는 학교가 많고, 실제로 수능에 강점이 있습니다. 또한 특목고와 마찬가지로 학교의 다양한 활동을 바탕으로 학생부종합전형을 지원할 수 있습니다. 하지만 상대적으로 내신 성적 관리가 어려워 교과 전형 지원은 적절하지 않습니다.

표로 정리해 보면 다음과 같습니다.

입시 전형 고교 유형	수시			정시
	학생부 교과	학생부 종합	논술	수능
일반계고	매우 유리			
특목고		매우 유리	매우 유리	
자사고		매우 유리		매우 유리

학력평가(모의고사)는
어떻게 받아들여야 하나요?

많은 학생들이 학력평가는 내신에 반영되지 않으니 큰 의미가 없다고 생각하기도 합니다. 하지만 학력평가는 고등학교 학교생활에서 굉장히 많은 의미를 지니고 있습니다. 대학 입시에서 여전히 수능 전형이 큰 비중을 차지하고 있고, 학력평가는 수능의 형식을 가장 가까이 체험할 수 있는 기회이기 때문입니다. 그래서 자신의 학습 태도와 공부 방향을 점검하는 실전 연습이라 생각해야 합니다.

학력평가 성적은 상대평가로 산출되기 때문에 원점수뿐 아니라 표준점수, 백분위, 석차 등의 다양한 지표로 자신의 위치를 확인할 수 있습니다. 성적표에는 틀린 문항의 유형과 정답률이 함께 제시되므로, 자신이 어떤 영역에서 약한지를 명확하게 파악할 수 있습니다. 단순히 점수만 확인하고 넘어

가기보다, 오답 분석을 통해 취약한 단원을 보완하고 공부 방법을 수정하는 것이 학력평가를 치르는 가장 큰 목적이라 할 수 있습니다.

학력평가는 멘탈 관리와도 깊은 관련이 있습니다. 시험 당일 긴장감, 시간 배분, 체력 소모 등은 실제 수능과 유사합니다. 따라서 학력평가를 단순한 연습이 아니라 실전처럼 치러 보는 경험이 누적될수록, 수능 당일에도 당황하지 않고 안정적으로 자신의 실력을 발휘할 수 있습니다.

학력평가는 성적표에 기록된 숫자만큼이나, 시험을 치른 후 내가 무엇을 잘했고 무엇을 보완해야 하는지 돌아보는 이후 과정이 중요합니다. 성실히 실전 감각을 쌓는다면, 학력평가는 점수 이상의 값진 자산이 되어 학생의 성장과 입시 준비에 든든한 밑거름이 됩니다.

그리고 시험 결과를 대하는 태도도 중요합니다. 자녀가 기대보다 낮은 점수를 받았을 때, 학부모님의 반응은 매우 중요합니다. "이 점수로는 안 되겠다."라는 질책보다 "이번 시험을 통해 어떤 부분을 보완하면 좋을까?"라는 대화로 자녀가 자신의 점수를 확인하고 성찰할 수 있도록 이끌어 주시는 것이 좋습니다. 점수는 결과일 뿐, 시험을 통해 얻은 학습 방향과 교훈이 훨씬 더 값지다는 사실을 강조해야 합니다.

또한 학력평가는 실제 수능과 유사하게 치러지기 때문에,

자녀가 시험 당일 겪는 긴장감과 피로도 또한 중요한 경험입니다. 성적표 분석을 함께, 시험 후 자녀가 느낀 감정과 컨디션에 대해서도 이야기를 나누면 좋습니다. 시험 성적보다 "시험장에서 어떤 점이 힘들었니?" "시간 배분은 괜찮았니?" 같은 질문이 자녀에게 실질적인 위로와 도움이 될 수 있습니다.

마지막으로, 학력평가가 내신에 반영되지 않는다고, 무의미한 시험으로 여기지 않도록 지속적으로 일깨워 주는 것이 중요합니다. 실제로 학력평가를 꾸준히 성실히 치른 학생과 그렇지 않은 학생 사이에는 수능에서 큰 차이가 생깁니다. 시험 전에는 생활 리듬을 잘 유지할 수 있도록 격려하시고, 시험 후에는 점수에 일희일비하지 말고 분석과 보완에 집중하도록 도와주시면 좋습니다.

학력평가 통지표 속 용어 정리

- 원점수: 원점수는 시험에서 맞힌 문항의 점수를 그대로 더한 점수입니다. 국어·수학·영어 영역은 각각 100점 만점, 탐구 영역은 과목당 50점 만점으로 계산합니다. 따라서 국어·수학·영어 3개 영역과 탐구 2과목을 응시한 학생의 총점은 400점 만점입니다. 참고로 수능과 모의평가에서는 원점수를 공개하지 않지만, 학력평가(연합모의고사)에서는 학생들의 학습을 위해 원점수를 제공합니다.

- 표준점수: 시험마다 난이도가 다르기 때문에 단순히 원점수만으로는 학생의 성적을 정확히 비교하기 어렵습니다. 그래서 평균과 점수 분포를 기준으로, 내 점수가 전체 응시자 중 어느 위치에 있는지를 계산한 점수가 바로 표준점수입니다. 쉽게 말해, 표준점수는 시험의 난이도 차이를 보정한 점수입니다. 쉬운 시험에서 80점을 맞은 경우와 어려운 시험에서 80점을 맞은 경우 원점수는 똑같이 80점이지만, 표준점수는 다소 차이가 발생하게 됩니다.

- 백분위: 백분위는 다른 학생들과 비교했을 때 자신의 상대적인 위치를 보여 주는 지표입니다. 백분위가 90이라면, 전체 응시자 중 90%보다 높은 점수를 받았다는 뜻입니다. 상위 10%라는 의미입니다. 표준점수를 바탕으로 계산하며, 과목이나 시험이 달라도 학생의 위치를 비교할 때 많이 사용합니다.

- 등급: 등급은 표준점수를 기준으로 학생을 9단계로 나눈 것입니다. 예를 들어 상위 4% 정도가 1등급, 그다음이 2등급 순으로 구분됩니다. 등급은 대학 입시에서 가장 널리 활용되는 성적 표시 방식입니다. 2025학년도부터 내신에서는 9등급제에서 5등급제로 변화가 있었지만, 학력평가는 기존과 동일하게 9등급제를 적용하고 있습니다.

　　　　　　　　　4부 | 대학 입시 제도 이해

수능에 응시하는 졸업생들이
늘어나고 있다고요?

학부모님들께서 가장 놀라시는 부분 중 하나가 바로 수능을 치르는 졸업생의 비율입니다. 과거에는 재학생 중심으로 수능을 본다고 생각했는데, 최근 몇 년 사이에는 상황이 크게 달라졌습니다. 실제로 2016학년도 수능에서는 졸업생의 비율이 23.3%였지만, 2025학년도 수능에서는 34.7%로 크게 늘어났습니다. 단순히 계산하면 수능을 치르는 학생 세 명 중 한 명은 졸업생이라는 뜻입니다.

왜 이렇게 졸업생 비율이 높아졌을까요? 여러 이유가 있습니다. 서울 주요 대학들의 정시 선발 인원이 늘어났고, 킬러 문항이 배제되면서 수능 난도가 조정되었으며, 의대 정원 확대나 무전공 제도(전공자율선택제)의 확대도 영향을 미쳤습니다. 이로 인해 학생들에게 재수는 더 이상 '특별히 힘든 선택'이 아니라, 오히려 '합리적인 선택'처럼 여겨지고 있습니다. 심지어 3수, 4수를 하는 학생도 늘고 있어, 이른바 'N수생'의 비중은 앞으로도 계속 높아질 가능성이 큽니다.

입시는 제도가 크게 바뀔 때마다 졸업생 응시 비율이 오히려 더 올라가는 경향이 있습니다. 지금의 중학생이 수능을 치르게 될 시점에는 현재보다 더 많은 졸업생이 수능을 볼 수 있습니다. 그렇기 때문에 단순히 "정시에 가겠다." "내신을 포기하고 수능만 준비하겠다." 이러한 결정은 매우 신중해야 합니다. 왜냐하면 그 순간부터는 같은 학년 친구들은 물론이고, 이미 1년 이상 집중적으로 준비한 졸업생들과 경쟁해야 하기 때문입니다.

정시 준비를 고민할 때는 반드시 '졸업생과의 경쟁'이라는 현실을 함께 고려해야 합니다. 학생이 쉽게 "정시로 간다"라고 말할 때, 그 결정이 단순한 감정적 반응이 아닌지 확인해야 합니다. 재학생으로서 안정적인 전략을 세우려면, 수시와 정시의 균형을 함께 고려하는 것이 현명합니다.

자녀에게 이렇게 말해 주세요

"수능은 너희 반 친구들하고만 경쟁하는 게 아니야. 이미 한두 번 더 경험한 졸업생들과 같이 시험을 본단다. 그러니까 단순히 정시로 간다고 마음먹는 게 중요한 게 아니라, 그만큼 더 깊고 체계적인 준비가 필요해. 너의 지금 공부가 졸업생들과 경쟁할 수 있을 만큼 단단한지도 점검해야 해."

재학생 vs 졸업생 누가 더 유리한가요?

1)재학생

• 강점: 학교 수업과 내신, 수행평가를 통해 기본기를 꾸준히 다질 수 있음,

생활 리듬이 안정적이라 장기간 학습 습관 유지가 용이함, 담임·교과 선생님 지도와 학교 지원 활용 가능, 비교과 활동과 학생부 기록으로 수시 지원 기회 보유.

- 약점: 내신과 수행평가 병행으로 학습 피로도가 큼, 수능만을 위한 장기적 집중 시간이 상대적으로 부족, 시험 경험이 적어 큰 시험에서 긴장할 가능성이 큼, 수시·정시 전략을 병행하면서 집중도가 분산될 수 있음.

2)졸업생

- 강점: 이미 수능을 경험하여 시험 구조와 출제 경향에 익숙함, 하루 종일 수능에만 집중할 수 있어 학습 시간 확보가 용이, 원하는 교재·강좌를 선택하며 자기 맞춤형 학습 가능, 심리적으로 '올인'하는 집중력이 강하게 발휘될 수 있음.
- 약점: 수능 성적 외의 전형(내신, 비교과) 기회가 제한적, 장기간 재수 생활로 심리적·경제적 부담이 큼, 학습 의지가 약해지면 쉽게 무너질 수 있음, 생활 리듬이 불규칙해지기 쉽고, 사회적 고립감이 생길 수 있음.

5부
—
부모의
역할과
습관

입시 정보는
어디에서 확인할 수 있나요?

대입 제도는 해마다 조금씩 달라집니다. 또 대학마다 전형 방식이 다르고, 같은 대학이라도 해마다 모집 인원이나 평가 기준이 바뀌기 때문에, 정확한 정보를 어디서, 어떻게 확인하느냐가 무엇보다 중요합니다.

첫째, 가장 신뢰할 수 있는 공식 정보 출처는 교육부와 한국대학교육협의회(대교협)입니다. 대교협에서 운영하는 대입 정보포털 '어디가'(adiga.kr) 사이트에서는 전국 모든 대학의 전형 방법, 모집 요강, 합격자 통계, 전년도 입시 결과 등을 한눈에 확인할 수 있습니다. 매년 5~6월경 최신 정보가 업데이트되므로, 입시 준비를 시작할 때 반드시 확인해야 합니다. 서울특별시교육청의 서울진로진학정보센터에서 운영하는 '쎈진학'(ipsi.sen.go.kr)도 우수한 자료가 많고 신뢰할 수 있는 사이트입니다.

둘째, 각 대학의 입학처 홈페이지입니다. 대학별 모집 요강, 수시·정시 전형 세부 안내, 기출 문제, 전년도 합격자 평균 점수 등 가장 구체적이고 실질적인 자료를 제공합니다. 특히 논술전형, 면접전형, 실기전형처럼 대학 자체 평가가 있는 경우, 해당 대학의 입학처 공지 사항이 가장 정확합니다.

셋째, 학교를 통한 정보입니다. 담임 선생님이나 진로진학부 선생님이 제공하는 자료집, 진로 상담, 학부모 대상 설명회 등을 통해 학생의 성적과 활동 수준을 고려한 맞춤형 정보를 받을 수 있습니다. '우리 아이의 현재 위치에서 가능한 전형은 무엇인지'를 구체적으로 조언받을 수 있습니다.

넷째, 시·도교육청과 지역 교육지원청 자료입니다. 각 교육청은 매년 '진로진학 자료집'을 발간하고, 지역별 설명회를 엽니다. 특히 학생부종합전형의 실제 기재 사례, 학과별 진학 결과, 지역 대학 입시 통계가 포함되어 있어 실질적인 참고가 됩니다.

마지막으로, 인터넷 커뮤니티나 사교육 기관의 자료입니다. 인터넷 커뮤니티나 사교육 기관의 자료 중에서도 내용을 잘 정리하고, 분석이 돋보이는 것이 많습니다. 대형 입시사의 자료이거나 관리가 잘 되는 네이버 카페나 다음 카페 등의 자료입니다. 하지만 개인 경험담에 국한되거나, 추측성 정보, 영리 목적으로 불안감을 조성하는 정보 등 불안감을 키우는 경우도 있습니다. 반드시 공식 출처를 기준으로 사실을 확인한 뒤 비교 보완하는 것이 바람직합니다.

입시 정보는 "공식 사이트 → 대학 입학처 → 학교 및 교육청 자료 → 보조적 참고 자료" 순으로 단계별로 접근하는 것이 좋습니다. 이렇게 하면 정보의 신뢰도도 높이고, 자녀에게 맞는 구체적인 입시 전략도 세울 수 있습니다.

대학 입시에 대해 가장 잘 알아야 하는 사람은 결국 입시를 치르는 학생 본인입니다. 하지만 실제로는 자녀가 입시 제도나 일정, 전형 요소를 꼼꼼히 챙기지 못하거나, 일부 내용을 잘못 이해하고 있는 경우도 있습니다. 따라서 입시는 학생 혼자만의 일이 아니라 부모님과 함께 확인하고 점검해야 합니다.

우리나라의 입시는 과도기가 아닌 적이 없었다고 할 만큼 제도가 자주 바뀌었습니다. 2025학년도에는 의대 정원 확대가 있었고, 2026학년도에는 주요 대학 자연계 학과에서 과학탐구 대신 사회탐구 과목을 반영하는 것과 관련해서 자연계 학과 지원자들이 사회탐구 과목을 응시하는 이른바 '사탐런' 현상이 두드러지게 나타났습니다. 2027학년도 수능은 선택과목 체제의 마지막 수능이며, 2028학년도부터는 2022 개정 교육과정을 반영해 문·이과 통합형 수능으로 전환됩니다. 이때는 사회·과학 통합 영역이 20문항에서 25문항으로 늘어나고, 문항별 배점도 2점·3점 체제에서 1.5·2·2.5점의 3원화 체제로 바뀔 예정입니다.

이처럼 해마다 입시의 기준과 방식이 달라지고 있습니다. 학생이 입시 변화에 휘둘리지 않으려면 부모님이 먼저 정확한 정보를 알고, 함께 점검하는 습관을 들이는 것이 가장 큰 힘이 됩니다. 입시는 정보 싸움이 아니라, 불안을 관리하고 계획을 세우는 싸움이기 때문입니다.

학업 조력자로서
부모는 무엇을 해야 할까요?

고등학교 시기에는 학생이 스스로 학습 계획을 세우고 실천하는 자기 주도성이 가장 중요합니다. 그렇다고 해서 부모의 역할이 사라지는 것은 아닙니다. 오히려 이 시기에 부모가 어떤 방식으로 도와주느냐가 자녀의 학습 지속력과 자존감에 큰 영향을 줍니다.

부모는 '지도자'가 아니라 '조력자'의 역할로 학생이 스스로 학습의 방향을 잡아가도록 돕는 것이 핵심입니다.

첫째, 간섭보다 지원이 중요합니다. "공부 좀 해라" "그만 쉬고 다시 앉아라" 말보다 "오늘 세운 계획 중에서 어디까지 했는지 점검해 볼까?" 같이 자녀가 스스로 계획을 돌아보게 하는 대화가 훨씬 효과적입니다.

둘째, 학습 환경을 조성해 주는 일입니다. 조용하고 집중할 수 있는 공간을 마련해 주거나, 공부에 필요한 자료를 함께 찾아주는 것만으로도 학생에게는 큰 힘이 됩니다. 또 가족 전체가 일정한 생활 리듬을 유지하면 자녀의 수면과 학습 습관이 자연스럽게 만들어집니다.

셋째, 정서적 지지와 격려도 필요합니다. 성적이 기대에 미치지 못하더라도 결과보다 과정을 인정해 주어야 합니다. "결과보다 네가 포기하지 않고 계속 시도한 게 훨씬 중요해." 이런 말 한마디가 학생에게는 부모님의 잔소리 백 번보다 더 큰 동기부여가 됩니다.

넷째, 정보 탐색의 동반자가 되어야 합니다. 입시와 진로 정보는 혼자 감당하기 어렵습니다. '어디가' 사이트나 대학 입학처 등 공식 자료를 함께 찾아보며 비교·정리해 보는 습관을 들이면, 부모와 자녀가 함께 현실적인 진학 전략을 세울 수 있습니다. 자녀의 진로를 소재삼아 가족 대화도 많이 할수록 좋습니다.

정리해 보겠습니다. 부모님의 역할은 '공부를 대신 하는 사람'이 아니라, 공부할 수 있는 여건을 만들어 주고, 믿어 주고, 지지해 주는 사람입니다. 이 시기의 관계는 자녀의 평생 학습 태도와 자기 효능감으로 이어집니다.

학습에 직접 개입하기보다 계획·점검의 과정의 동반자· 조력자가 되어 주세요. 성적보다 노력과 과정을 인정하는 지지의 말을 더 많이 해 주세요. "무엇을 도와줄까?"라는 질문은 "왜 못했니?"보다 훨씬 효과적인 말입니다.

혹여, 살가운 대화가 어렵다면, 어깨를 두드려 주는 것만으로도 자녀에게는 큰 힘이 된다는 사실을 기억했으면 합니다.

자녀에게 이렇게 말해 주세요

"엄마(아빠)는 네가 공부를 잘하길 바라는 것도 있지만, 그보다 네가 스스로 계획을 세우고 지켜 나가는 힘을 갖길 더 바라. 혹시 막히는 부분이 있으면 함께 방법을 찾아보자. 결과보다, 네가 꾸준히 노력하는 그 과정이 더 자랑스러워."

아버지의 관심,
얼마나 필요하고 어떻게 참여할까요?

'자녀 교육 성공의 3대 법칙'이라는 농담이 있습니다. 할아버지의 재력, 아빠의 무관심, 엄마의 정보력. 과거에는 아버지가 자녀 교육에 직접 관여하기보다는 경제적 지원만 하면 된다는 인식이 강했습니다. 학교생활과 입시는 주로 어머니의 역할로 여겨졌습니다. 실제로 지금도 자녀의 학교생활과 진로 관련 소통의 중심에는 어머니가 있는 경우가 많습니다.

하지만 최근 몇 년 사이 변화가 나타나고 있습니다. '치맛바람' 대신 '바짓바람'이라는 표현이 생겨날 정도로 아버지의 교육 참여가 활발해졌다는 것을 학교 현장에서 느낄 수 있습니다. 학부모 참관 수업이나 지필고사 감독에 참여하는 아버님이 늘어나고, 학부모회 활동이나 입시 설명회에도 적극적으로 참여합니다.

입시 상담 자리에서 아버님 혼자 오셔서 세세하게 질문하는 일도 있습니다. 어떤 분들은 자녀의 성적과 지원 가능 대학을 세밀하게 분석해 오기도 합니다. 담임교사 입장에서는 아버지의 열정이 때로는 교사보다 더 구체적으로 느껴질 때도 있습니다(아무래도 교사는 여러 학생을 상대로 해야하다 보니).

이러한 변화는 분명 긍정적입니다. 하지만 저는 아버지가 자녀에게 전해 주어야 할 가장 중요한 것은 삶의 태도와 가치관이라는 생각을 더 많이 합니다. 간혹 "아빠에게는 절대 말하지 마세요."라고 말하는 아이들이 있습니다. 부모님의 역할이 어머니에게만 집중되고, 아버지는 '모르면 편한 사람'으로 남아 있어서입니다. 이렇게 되면 자녀는 "어떤 일이 있어도 아빠는 모를 거야."라는 인식을 가지게 되고, 때로는 학교 규칙 위반이나 일탈 행동을 하기도 합니다.

서울대학교 재학생을 대상으로 한 조사에서도 많은 학생이 "아버지는 입시 전략가보다는 심리적 안정감, 자상함, 따뜻함, 사랑, 그리고 삶의 롤모델이 되어 주는 존재였다."고 답했습니다.

아버지의 역할은 '동반자'입니다. 자녀의 실패나 실수도 함께 받아들이며, 문제 해결 과정에 함께 참여해야 합니다. 입시 전략보다 더 중요한 것은 '대화'와 '정서적 안정감'입니다. 자녀가 아버지를 '두려운 존재'가 아닌 '이해해 주는 사람'으로 느낄 수 있도록 꾸준히 소통해 주는 것이 필요합니다.

자녀에게 이렇게 말해 주세요

"아빠가 네 공부를 대신해 줄 순 없지만, 네가 어떤 생각을 하는지는 꼭 알고 싶어." "요즘 학교생활은 어때? 힘든 일 있으면 얘기해 줘도 돼. 아빠가 들어줄게." "결과보다 네가 어떤 노력을 하고 있는지가 더 궁금해." "아빠도 완벽하진 않지만, 같이 방법을 찾아보자."

학교 상담은 어떻게 신청하고 준비할까요?

고등학교 시기의 자녀는 학업, 친구 관계, 진로 등 여러 측면에서 변화가 많고, 때로는 예기치 못한 어려움을 겪기도 합니다. 이런 때일수록 학교와 적극적으로 소통하는 것이 큰 도움이 됩니다.

학교 상담은 보통 담임 선생님과 하는 것이 중심이 됩니다. 담임은 학생의 수업 참여나 학업 태도, 교우 관계, 진로 방향 등 학교생활 전반에서 가장 가까이에서 자녀를 관찰하는 분입니다. 교과 선생님과의 상담은 특정 과목에서의 어려움이나 학습 전략을 구체적으로 알고 싶을 때 적합합니다. 국어나 수학처럼 특정 과목 성적이 급격히 떨어졌을 때, 또는 그 과목에 진로를 두고 있는 경우 교과 선생님과의 상담이 효과적입니다.

자녀가 정서적 어려움을 겪거나 학교 적응에 힘들어하는 경우에는 전문상담교사(위클래스)와의 상담을 권합니다. 위클래스에서는 학생의 심리·정서적 문제를 전문적으로 다루며, 필요할 경우 외부 전문 기관과의 연계도 지원합니다.

상담을 신청할 때는 사전에 상담 목적을 간단히 알려 주는 것이 좋습니다. 예를 들어 "최근 아이가 학교 이야기를 잘 안 해서 생활 모습을 알고 싶다." 혹은 "성적이 갑자기 떨어졌는데 학습 태도를 알고 싶다."처럼 구체적으로 전달하면, 교사도 더 정확하고 도움이 되는 정보를 미리 준비할 수 있습니다. 미리 준비가 되면 학부모님에게 해 줄 수 있는 이야기도 더 많아집니다.

마지막으로, 가정에서 보는 자녀의 모습과 학교에서의 모습이 다를 수 있다는 점도 꼭 염두에 두었으면 합니다. 관련해서는 앞에서도 몇 번 말씀드렸습니다. 학부모님과 상담을 하다 보면 학교에서의 모습이 집과 다른 것에 많이 놀라고, 급기야 담임 선생님이 잘못 파악하고 있다고 생각하기도 합니다. 서로의 시각을 공유하고 연결해 주는 것이 상담의 핵심입니다.

상담은 '문제 해결'이 아니라 '이해의 시작'입니다. 자녀의 이야기를 먼저 듣고, 교사의 관찰과 비교하여 자녀를 객관적으로 바라보도록 해야 합니다. 상담 중에 "집에서는 안 그런데요." "선생님이 잘못 보신 것 같아요."처럼 감정적인 언급보다는 사실 중심으로 대화하는 것이 좋습니다.

상담 후에는 자녀에게 선생님과의 대화 내용을 그대로 전달하기보다, "학교에서 너를 응원하고 계시더라." 정도를 덧붙여서 마무리하면 좋습니다.

자녀에게 이렇게 말해 주세요

"요즘 학교생활은 어때? 혹시 선생님과 상담해 보면 좋을 것 같은 부분이 있을까?" "엄마(아빠)는 네가 어떤 생각으로 학교생활을 하는지 좀 더 알고 싶어서 선생님과 이야기해 보려고 해.” “선생님께서 무슨 말씀을 하실까 걱정되니? 네 입장을 먼저 듣고 정리해서 전달할게.”

상담 전 꼭 기억해 주세요!

• 상담은 수업 시간 외의 시간을 활용함을 원칙으로 합니다.

• 상담의 일시 및 방법은 사전에 조율하고 약속되어야 합니다.

• 학교장과 교원은 다음과 같은 경우 상담을 거부할 수 있습니다.

①사전에 목적, 일시, 방법 등이 합의되지 않은 상담

②직무 범위를 넘어선 상담

③근무 시간 외의 상담

자녀와 잘 소통하기 위한 노력은 어떤 것이 있을까요?

고등학교 시기의 자녀는 이전보다 훨씬 복잡한 시기를 지나고 있습니다. 학업 부담, 진로 고민, 또래 관계의 어려움 속에서 스스로 성장하려는 욕구가 강해지는 시기입니다. 그러다 보니 부모님의 대화 방식에 따라 관계가 깊어질 수도 있고, 멀어질 수도 있습니다. 그래서 이 시기에는 '말을 잘하는 것’보다 ‘잘 들어주는 것’이 훨씬 더 중요합니다.

우선, 경청이 소통의 출발점입니다. 자녀가 이야기할 때는 중간에 끼어들거나 해결책을 바로 제시하기보다, 끝까지 이야기를 들어주시는 것이 좋습니다. “그랬구나.”“그래서 네가 속상했구나.” 같은 짧은 공감의 말 한마디가 자녀에게는 큰 위로가 됩니다.

상담하다 보면 “요즘 아이가 예민해서 짜증을 많이 내요.” “저도 이제 저희 아이에게 정말 지쳤어요.” 말씀하시는 부모님이 많습니다. 그럴 때마다 저 역시 부모의 말씀을 들으며 “지금은 훈계의 시간이 아니라 공감의 시간입니다.”라고 얘기합니다. 수험생의 마음을 이해하고, 자녀의 이야기를 충분히 들어주는 것만으로도 관계가 회복되고 자녀의 불필요한 짜증이 줄어듭니다.

물론 경청이 ‘무조건적인 수용’을 의미하는 것은 아닙니다. 대화의 주도권은 여전히 부모님께 있습니다. 자녀가 선을 넘는 말이나 행동을 할 때는 어른으로서 분명히 짚어 주셔야 합니다. 다만 그 지적이 감정적인 훈계가 아니라, 아이의 성장 방향을 바로잡는 ‘조용한 안내’가 되어야 합니다.

일상의 대화 루틴을 만드는 것도 좋습니다. 식사 후 잠깐의 대화, 차 안에서의 짧은 이야기, 함께 산책하는 시간처럼 부담 없는 상황에서 나누는 대화는 관계를 단단하게 만듭니다. 자녀는 '엄마 아빠는 나에게 관심이 있지만 간섭하지는 않는다'는 신뢰를 느낄 때, 진짜 고민을 이야기하게 됩니다.

존중하는 태도를 보여 주는 것도 필요합니다. 고등학생이 되면 스스로 판단하고 싶어 하는 욕구가 강해집니다. 부모님이 자녀의 생각을 바로잡으려 하기보다 "왜 그렇게 생각했어?" "그 선택을 하면 어떤 점이 좋을 것 같아?"처럼 자녀 스스로 설명할 기회를 주는 것이 좋습니다. 이런 대화 속에서 자녀는 자신이 존중받고 있음을 느끼게 됩니다.

함께하는 시간을 통해 자연스럽게 마음을 잇는 것이 효과적입니다. 꼭 대단한 활동이 아니어도 좋습니다. 함께 영화를 보고 이야기하거나, 운동을 같이 하거나, 주말에 짧은 외출을 하는 것만으로도 충분합니다.

저는 학교에서는 학생들과 상담할 때 가끔은 학교 운동장을 산책하면서 상담하고, 저희 아이들과도 동네 한 바퀴를 돌면서 이야기를 들어 줍니다. 부모님이 하고 싶은 이야기보다 자녀가 하고 싶은 이야기를 할 수 있도록 해 주는 것이 중요합니다. 이런 경험이 부모님을 '감시자'가 아닌 '동반자'로 인식하게 해 줍니다.

"요즘 네가 어떤 생각을 하는지, 어떤 점이 힘든지 궁금해. 내가 다 이해하진 못해도 네 이야기를 듣고 싶어. 엄마(아빠)는 네 편이야. 네가 하고 싶은 이야기가 있다면 언제든 말해 줘."

자녀의 자존감이 많이 떨어진 것 같은데 어떻게 해야 할까요?

고등학교 시기의 자녀는 하루에도 몇 번씩 자신감을 잃었다가 되찾는 시기를 겪습니다. 성적이나 진로 고민, 친구 관계의 문제는 이 시기 학생들에게 큰 스트레스 요인이 됩니다. 그래서 자녀의 자존감이 떨어지는 것은 자연스러운 현상이기도 하지만, 이 시기를 어떻게 보내느냐가 앞으로의 학습 태도와 삶의 방향에 큰 영향을 미칩니다.

우선 '결과보다 과정'을 인정해 주는 태도가 중요합니다. 부모님께서 "다음엔 더 잘해야지."보다는 "이번에도 정말 열심히 했구나."라고 말해 주시면, 자녀는 자신이 '결과로만 평가받지 않는다'는 안도감을 느낍니다. 성적이 조금 부족하더라도 그 안에 담긴 노력과 꾸준함을 인정받을 때, 아이는 스스로를 긍정적으로 바라보게 됩니다.

그리고 비교 대신 존중이 필요합니다. 특히 친구나 형제자매와의 비교는 자존감에 가장 큰 상처를 남깁니다. "누구는 잘하는데 너는 왜…"라는 말보다, "너는 이런 부분이 참 성실하고, 꾸준히 노력하잖아."처럼 자녀 고유의 강점을 구체적으로 칭찬해 주는 것이 좋습니다. 자녀가 '나는 있는 그대로 괜찮은 사람'이라는 감각을 느껴야 자존감이 회복됩니다.

작은 성취의 경험을 만들어 주는 것도 중요합니다. 공부가 아니어도 좋습니다. 방 청소하기, 하루 일정 계획하기, 짧은 산책 목표 세우기처럼 작지만 해낼 수 있는 일을 함께 정하고, 성취했을 때 "이걸 해냈네! 네가 스스로 해낸 거야."라고 인정해 줍니다. 성공 경험이 쌓이면 아이의 내면에 '나는 할 수 있다.'는 확신이 자리 잡습니다.

마지막으로, 공감의 대화가 필요합니다. "괜찮아, 다 잘될 거야."보다 "많이 힘들었구나, 그 마음 이해돼."처럼 감정을 먼저 받아주는 말이 훨씬 효과적입니다. 자녀는 조언보다 공감을 통해 위로받고, 부모와의 관계 속에서 다시 안정감을 회복합니다.

자녀의 자존감은 부모의 시선 속에서 자라납니다. 부모가 자녀를 '있는 그대로 존중하고 신뢰하는 모습'을 보이면, 아이는 그 믿음을 발판으로 스스로의 가치를 되찾습니다.

스마트기기 사용,
어떻게 균형을 잡을까요?

요즘 청소년들은 스마트폰, 태블릿, 컴퓨터를 공부에도 쓰지만, 동시에 게임·영상·SNS에 많은 시간을 보내며 부모님을 걱정시키기도 합니다. 스마트기기 사용은 이제 피할 수 없는 일상이지만, 문제는 '얼마나, 어떻게 사용하느냐'에 있습니다.

먼저, 금지보다 조율이 중요합니다. "하지 마!"라는 말보다 "언제, 얼마 동안 사용할지 함께 정해 보자."라는 접근이 훨씬 효과적입니다. 부모가 일방적으로 제한을 두면 자녀는 반발하거나 몰래 사용하려 하지만, 자녀가 스스로 정한 규칙이라면 훨씬 더 잘 지키려고 노력합니다.

'쓸모 있게 쓰는 경험'을 늘려야 합니다. 스마트기기를 완전히 끊기보다 공부 앱, 어학 학습, 온라인 강의, 자료 조사 등 유익한 방향으로 사용하도록 지도하는 것이 좋습니다. 이렇게 하면 자녀가 '내가 스마트폰을 잘 관리하고 있다'는 자율감과 성취감을 느끼게 됩니다.

스마트폰을 대신하는 대체 활동을 만들어 주는 것도 필요합니다. 가족이 함께 산책하거나 운동을 하거나, 주말에는 보드게임, 요리, 독서 등 아날로그적인 시간을 갖는 것도 좋은 방법입니다.

요즘 아이들은 보드게임인 '루미큐브'도 휴대폰이나 패드로 합니다. 루미큐브를 하더라도 가족끼리 실제의 보드게임으로 하면 게임을 하면서 자연스럽게 대화의 시간을 가질 수 있습니다. 이런 활동이 많아질수록 자녀는 자연스럽게 스마트기기 사용 시간을 줄이게 됩니다.

사용의 결과를 함께 이야기하는 것도 중요합니다. "스마트폰 하면 머리 나빠진다."가 아니라, "잠이 부족하면 집중력이 떨어지고 기억력이 줄어든대."처럼 구체적으로 설명하면, 자녀 스스로 조절할 이유를 이해하게 됩니다.

학교 폭력이 과거에는 신체적인 것이 많았다면, 최근에는 인스타그램의 DM, 카카오톡의 메시지, 불법 도박 사이트 같은 온라인상의 문제가 훨씬 많아졌습니다. 자녀의 핸드폰을 수시로 확인하는 것은 현실적으로 어려움이 있겠지만(노파심에 핸드폰을 보자고 하면, 자녀들과 충돌하게 되는 경우가 대부분입니다), 온라인 폭력 등과 관련해서 지속적으로 자녀에게 이야기해 경각심을 가질 수 있도록 하는 것이 필요합니다. 상대방이 오해할 수 있는 메시지를 보내지 않도록 하고, 불법적인 사이

트에 접속하지 않도록 지속적으로 말해 주시는 것이 필요합
니다.

"요즘 스마트폰을 자주 보는 것 같아. 엄마(아빠)는 네가 스스로 조절할 수 있는 힘을 기르면 좋겠어." "우리 같이 하루에 사용할 시간을 정해 보자. 공부 끝나고 한 시간은 자유롭게 써도 괜찮아." "스마트폰도 잘만 쓰면 공부에 도움이 될 수 있잖아. 대신 늦은 밤엔 잠이 줄어드니까 그건 조심하자." "주말에는 휴대폰 없이 영화 보거나 운동하러 나가 볼까? 같이 시간을 보내면 좋을 것 같아."

학부모에게 전하고 싶은 습관 10가지

1)자녀의 학교생활에 예민하게 반응하지 않기

자녀가 전하는 학교 이야기가 때로는 자극적으로 들릴 수 있습니다. 자녀가 일부러 과장하는 것이 아니라, 자신의 입장에서 본 일을 중심으로 말하고 아무래도 감정이 섞이기 때문

입니다. 그래서 가정에서의 모습과 학교에서의 모습이 다르다는 점도 흔한 일입니다.

상담을 하다 보면 "우리 아이가 그런 모습이었나요?"라며 놀라시는 학부모님이 많습니다. 저 역시 가정에서 보는 저희 아이의 모습과 학교에서의 아이 모습이 다를 때가 많다고 느낍니다. 그래서 학부모님께 "자녀의 말을 100% 들어주되, 100% 믿지는 마세요."라고 말씀드리곤 합니다.

자녀의 이야기를 들을 때는 "그래?" "그랬구나." "속상했겠구나." 정도로만 공감해주세요. 다만, 문제 해결 방법은 자녀가 스스로 생각해 보게 하는 것이 좋습니다.

2)구체적인 말로 감정을 표현하도록 격려하기

중·고등학생들은 감정을 표현하는 말이 매우 제한적입니다. "짜증 나." "몰라." 몇 마디로 복잡한 감정을 모두 표현하기도 합니다. 특히 남학생은 말로 감정을 드러내지 않아, 부모님이 더욱 답답함을 느낍니다.

자녀가 감정을 구체적으로 표현할 수 있도록 가정에서 연습시켜 주세요. "기분이 나빴어." 대신 "친구가 내 말을 무시해서 서운했어."라고 말하는 것입니다. 이것은 학교에서의 관계 형성에도 큰 도움이 됩니다.

상담을 해 보면, 여학생은 긴 이야기를 쏟아내고, 남학생은 "없는데요." 한 마디로 대화를 닫는 경우가 많습니다. 가정에서부터 감정을 말로 풀어내는 습관을 길러 주면, 자녀는 스스로 마음을 정리하고 감정을 조절하는 힘을 얻게 됩니다.

언어로 감정을 표현하는 능력이 스스로의 마음을 치유하고 다른 사람의 마음을 치유할 수 있는 힘이 됩니다.

3)생활 속에서 예의 바르게 행동하도록 가르치기

아침에 지각을 하는 학생이 있습니다. 어느 학생은 등교 시간 전에 미리 문자를 보내서 이러이러해서 지각을 하게 되었다고, 죄송하다고 말합니다. 반면, 어느 학생은 아무런 연락도 없이 지각을 하고, 담임 교사가 먼저 전화를 하면 "가고 있어요." 한마디로 대답을 끝냅니다. 학교에 도착해서는 죄송하다는 이야기가 없어서 예의와 태도에 대해 지적하면 "아, 왜요?" 이렇게 반응합니다.

교사도 사람이라 진실되게 행동하고, 성실한 모습을 보이고, 겸손한 태도를 지닌 학생에게는 뭐라도 더 해주고 싶은 마음이 듭니다. 당연히 칭찬도 더 해주고 싶습니다. 예의는 다른 사람과의 관계를 부드럽게 만들어 줄 뿐 아니라, 자신에게도 긍정적인 에너지를 줍니다. 고마울 때 고맙다고 말하고, 미안할 때 미안하다고 말하는 한마디가 그 사람을 평가하는 기준이 됩니다.

그리고 간혹 학교 선생님을 무슨 민원 해결인처럼 생각하는 학생이 있습니다. 십중팔구 부모님도 비슷하게 생각합니다. 선생님은 교육자입니다. 자녀의 미래를 같이 고민하고 함께 설계하는 동반자임을 꼭 기억해 주시고, 자녀에게도 그렇게 지도해 주셔야 합니다. 그래야 상호 간의 존중이 생기고, 자녀가 더 좋은 어른으로 성장할 수 있습니다.

가장 기본적인 것부터 해보면 좋겠습니다. 선생님을 만나면 꼭 인사하도록 가르쳐 주시고, 예의 바르게 행동할 수 있도록 습관을 만들어 주세요.

4) 담임 선생님과 열린 마음으로 이야기하도록 격려하기

학교 현장에서 가장 아쉬운 순간은 '조금 더 일찍 상의했더라면' 할 때입니다. 어느 학부모님은 "가정에서 결정하고 알려 드리는 것이 나을 것 같아서…" 말씀 하기도 하지만, 오히려 일찍 대화했더라면 더 좋은 방법으로 해결할 수 있습니다. 자녀의 친구 관계 문제도 일찍 이야기했더라면 더 쉽게 해결할 수 있었던 것이 결국은 학교 폭력 신고로 이어집니다.

담임 선생님을 믿어 주세요. 일찍 대화하면 좀 더 좋은 방향으로, 좀 더 빨리 해결될 수 있습니다. 교사는 부모님과 같은 방향을 바라보고 있습니다. 담임 선생님과의 협력은 아이에게 '두 개의 안전망'을 만들어 줍니다.

5)자기 중심을 지키는 어른으로 자랄 수 있도록 하기

친구의 부탁을 잘 거절하지 못하고, 늘 친구를 돕는 데 앞장서는 아이가 있습니다. 착한 아이입니다.

착한 태도는 긍정적이고 바람직하지만, 늘 친구들을 배려하느라 자신의 감정을 살피지 못하기도 합니다. "다 괜찮아요." "제가 하면 돼요." 이렇게 말하지만, 속으로는 힘들어 하고, 그 힘든 감정이 차곡차곡 쌓이는 경우도 많습니다. 그러다가 어느 날 폭발이라도 하면, 주변에서는 깜짝 놀라기도 하고, 다른 친구들과 되돌릴 수 없을 정도로 멀어지기도 합니다.

혹시 자녀가 이런 성향이라면 "네 감정도 소중해." "싫다, 라고 말해도 괜찮아." 이렇게 말해 주세요. 배려만 하며 살 수는 없습니다. 배려와 자기 보호의 균형이 관계의 성숙을 만듭니다.

6)성공과 실패를 고르게 받아들이기

중학교에서는 성적이 절대평가이다 보니 성적에 대한 민감도가 높지 않습니다. 물론 특목고나 자사고를 지원하려는 학생은 해당 과목의 성적에 민감할 수 있지만, 많은 학생은 성적에 대해 느슨하게 생각합니다. 그런데 고등학생이 되면 이야기가 달라집니다. 성적을 확인할 때가 되면 눈물을 흘리는 학생도 있고, 분함을 감추지 못하는 학생도 있습니다.

성적을 잘 받는 것도 중요하지만, 그다음도 중요합니다. 성적이 나온 후에는 "이번 결과는 실패가 아니라, 네 공부법을 다시 점검할 기회야." 이렇게 말해 주세요. 매번이 아니라 어쩌다 한 번이어도 괜찮습니다.

성공만큼 중요한 건 실패를 대하는 태도입니다. 자녀의 습관도 중요하지만 부모님의 습관도 중요합니다. 부모님이 "괜찮아, 이번엔 배우는 과정이야." "다음에 더 잘할 수 있을 거야." "우리는 천천히, 하지만 높게 가자." 이렇게 말할 때, 자녀는 다시 일어설 수 있습니다.

7)스스로 할 수 있도록 기다려 주기

기다리는 건 꽤 어려운 일입니다. 자녀가 공부를 제대로 하지 않을 때, 여러 사건에 얽혀 있을 때, 기대만큼 성적이 나오지 않을 때, 부모님 입장에서는 애가 타는데 자녀는 그런 걸 전혀 의식하지 못하거나 무시합니다.

이럴 때 부모님은 자녀를 다그치게 됩니다. 과격하게 반응하기도 하고, 신체적인 벌을 가하거나, 핸드폰을 없애기도 합니다. 하지만 이런 반응은 자녀와의 관계를 더욱 악화시키게 됩니다. 결과적으로 부모님도 자녀를 포기하게 됩니다.

학교에서 학생 상담과 관련해서 학부모님께 전화를 드리면 "저도 이제 저희 아이와 그만 싸우고 싶어요." "이제 저도 포기했어요." "제 말을 안 들으니 학교에서 엄하게 지도해 주세요." 이렇게 말씀하시는 것이 그런 상태입니다.

답답하지만, 기다려 주셔야 스스로 생각하고 성장할 수 있습니다. 서두른다고 해서 빨리 성장하지 않습니다. 조금 더딜 수 있습니다. 하지만 자녀의 자율성은 기다림 속에서 자란다는 것을 꼭 기억해 주셨으면 합니다. 어찌 보면 교사는 한 해, 두 해 보면 다시 안 볼 수 있지만, 부모와 자식은 평생 보아야 할 사이입니다. 기다리는 것이 가장 빠른 방법입니다.

8) 학교 수업의 의미를 지속적으로 떠올려 주기

학생들이 신학기인 3월의 마음을 계속 유지할 수 있다면 얼마나 좋을까요? 고1 3월 입학할 때의 각오와 다짐을 수능 때까지 유지하면 얼마나 좋을까요? 하지만 이건 거의 불가능한 일이라고 생각합니다. 학생들은 느슨해지기 쉽고, 느슨해지면 다시 팽팽하게 학교생활을 하는 것이 어렵습니다. 하루하루 지나다 보니 타성에 젖는 경우도 많고, 학원에서 선행을 해서 학교 수업을 소홀히 하는 경우도 많습니다.

평가의 관점에서 본다면 정기 고사에서 평가 문항을 출제하거나, 수행 평가를 출제하는 것은 학교 선생님입니다. 그런데도 학교 수업에 불성실하게 임하고, 결과적으로 정기 고사나 수행 평가도 적당히 때우는 식으로 참여하는 학생이 많습니다.

생활의 관점에서도 학교 수업은 사회화의 중요한 과정입니다. 학교는 세상을 살아가는 연습을 하는 공간이라는 것을 주기적으로 알려 주세요. 365일의 계획을 세워서 실천하기는 너무 어렵지만, 작심삼일을 120번 하는 것은 어렵지 않습니다.

수시를 준비하다 정시를 준비하겠다고 하고, 정시를 준비하다 논술을 준비하겠다고 하고, 그 이후에는 재수를 염두에 두겠다는 학생은 결국 학교 수업에서부터 소홀한 학생입니다. 학교 수업이라는 기본을 챙기지 않는다면, 아무런 기회도 얻을 수 없음을 지속적으로 여러 번 말씀해 주셔야 아이도 이를 지속적으로 떠올리게 됩니다.

9)자녀의 강점을 찾아 자주 칭찬하기

칭찬은 결과를 바꾸는 가장 따뜻한 피드백입니다. 학교에서도 학생에 대한 지적과 야단보다 칭찬이 태도를 바꾸는 경우를 많이 보았습니다. 그런데 이런 얘기를 하면, "칭찬할 게 있어야 칭찬을 하죠." 이렇게 답하는 부모님이 있습니다. 많이 보이지 않더라도 칭찬할 것을 찾아야 합니다.

고등학교에 입학한 후 학업을 쫓아가지 못하다 보면, 패배감 속에 빠져 무기력을 느끼는 일이 많습니다. 이런 상황에서 지적과 야단만 오간다면, 아이는 마음의 문을 닫게 됩니다.

집에서는 부모님과 이야기를 안 한다거나, 부모님이 나를 투명 인간 취급한다거나, 부모님이 나에 대해 묻는 건 성적뿐이라고 말할 때가 있습니다. 슬픈 일입니다. 지적과 야단도 필요하지만, 칭찬을 더 많이 해야 합니다. 칭찬은 하지 않더라도 힐난과 비난은 절대 하지 말아야 합니다.

10)부모가 먼저 배우고 성장하는 모습을 보이기

책을 읽고, 새로운 것을 배우는 부모의 모습은 아이에게도 강한 메시지를 줍니다. 드문 경우이지만, 제가 만난 학부모님 중에서는 자녀가 고1일 때부터 시작해서 고3때까지 함께 수능 공부를 한 경우가 있었습니다. 어머니께서 자녀에게 묻기도 하고, 자녀에게 가르쳐 주기도 하며 고등학교 생활을 함께 보낸 것입니다. 그렇게 자녀와 공부하고 수능을 보았는데 한의예과 합격해서 대학을 졸업하고 나서는 한의사가 되신 일도 있습니다. 물론 아주 특수한 경우라고 해야겠지만요.

어쨌든 공부하고 배우는 모습을 자녀에게 보여 주는 것은 좋은 본보기가 됩니다(자녀에게는 휴대폰 사용을 자제하라고 말하면서, 본인은 휴대폰으로 게임을 하거나 영상 시청을 하는 것은 바람직하지 못합니다). 배우는 부모 밑에서 자라는 아이는 '성장을 멈추지 않는 어른'으로 자랍니다.

학생들에게 전하고 싶은 습관
10가지

1)하기 싫은 공부부터 먼저 하기

학생들과 상담을 하다 보면 국어 공부를 매일 하는데도 성적이 오르지 않는다고 말합니다. 그런데 이야기를 들어 보면 매일 하기는 하지만, 실제로는 많이 하지 않은 경우가 대부분입니다.

오늘 야간자율학습을 시작할 때 가장 먼저 꺼낸 책이 어떤 과목인지 살펴보세요. 자신이 하기 싫은 과목, 성적이 잘 나오지 않는 과목은 아마도 아닐 것입니다. 보통은 자신이 좋아하는 과목, 성적이 잘 나오는 과목부터 공부를 시작합니다. 그러다가 그 과목 공부가 지겹다 싶을 때 비로소 자신이 하기 싫은 공부를 합니다. 그러니 공부의 양이나 공부 시간으로 보면 매일 하는 것 같지만 실제로는 많이 하지 않은 것입니다.

공부는 피할 수 있는 방법이 없습니다. 하기 싫은 공부부터 먼저 시작해서 정면 돌파를 해야 합니다. 그래야 성적을 올릴 수 있고, 그 과목에 자신감을 가질 수 있습니다. 하기 싫은 공부부터 먼저 시작하는 습관을 가져보세요.

2) 하루 30분이라도 꾸준히 공부하기

꾸준히 하는 것은 공부든, 운동이든 가장 중요한 자세입니다. 축구 선수가 하루 30분씩 한 달을 꾸준히 훈련한다고 해서 실력이 급격히 상승하지는 않습니다. 그렇지만 다리를 다쳐서 하루 30분씩이라도 한 달을 훈련하지 못하면 실력은 급속도로 나빠집니다.

공부도 마찬가지입니다. 공부한 것은 드러나지 않지만, 공부하지 않는 것은 잘 드러납니다. 꾸준히 공부하면서 하루하루를 성실하게 살아가는 습관을 들여야 성적 상승과 자신감을 얻을 수 있습니다.

공부에서 가장 어려운 건 '지속'입니다. '꾸준히'의 힘은 생각보다 큽니다. 공부는 단기 집중이 아니라 '장기 누적'입니다. 꾸준함은 반드시 성적과 자신감으로 돌아옵니다.

3) 수업 시간에 집중하기

학교생활에서 가장 많은 비중을 차지하는 시간은 무엇일까요? 당연히 수업 시간입니다. 학교생활에는 점심시간도 있고, 쉬는 시간도 있고, 여러 활동 시간도 있지만 가장 많이 차지하고 기본이 되는 시간은 수업 시간입니다. 그러니 학교생활을 충실하게 했는지의 기준은 수업에서 결정됩니다.

수업 시간에 눈빛이 반짝이는 학생이 있습니다. 선생님 입장에서는 너무 예뻐 보이는 학생입니다. 수업에 적극적으로 참여하는 학생이 결국 시험 결과도 좋기 마련입니다. 수업 시간에 몰입한다는 것은 가장 적절한 시간에 가장 효과적인 방법으로 지식을 연결하고 생각을 떠올리는 것입니다.

주변을 둘러보세요. 수업 시간에 집중하는 학생의 성적이 어떤지. 교실에서 선생님과 반 친구들과 함께 배우고 나누는 시간이 바로 성장의 시간입니다.

4)모르는 문제는 바로 물어보기

기억을 떠올려 보세요. 유치원, 초등학교를 다닐 때에는 질문도 자유롭게 하고, 더러는 많이 하는 학생이었습니다. 그런데 어느 사이엔가 질문을 하지 않게 되고, 자꾸 주저하게 됩니다.

질문하는 것이 평가를 받는 것이라고 생각하고, 질문을 하면 주목받는 것 같아서 싫다고 말하는 학생도 있습니다. 그런데 선생님의 입장에서는 질문은 관심의 표현이고, 의지의 신호라고 생각합니다. 자신의 실력을 기를 준비가 되어 있다는 뜻이지요.

질문할 것이 많은데 언제 선생님을 찾아 가면 되냐고 말하는 학생이 있었습니다. 저녁 급식을 먹고 오라고 했는데, 문제집에 붙어 있는 메모가 한눈에 봐도 한가득일 정도로 많

     5부 | 부모의 역할과 습관

있습니다. 저녁 7시에 시작해서 밤 11시에 질문이 끝났습니다. 그런데 그날은 그 학생과 선생님이 함께 성장한 날이라고 생각합니다.

질문을 하려다 다음에 알면 되지, 다음에 알게 되겠지, 이렇게 넘기는 학생도 있습니다. 하지만 그렇게 하는 건 자신을 속이는 것과 같습니다. 자신을 속여서는 절대 성공하기가 어렵습니다.

모르는 문제를 두고 지나가면 불안이 쌓이고, 불안이 쌓이면 자신감이 사라집니다. 스스로의 공부를 망가뜨리지 않았으면 합니다.

5) 노트는 '필기'가 아니라 '이해의 기록'으로 쓰기

'적자생존'은 무슨 뜻일까요? 국어사전의 의미는 '환경에 적응하는 생물만이 살아 남고, 그렇지 못한 것은 도태되어 멸망하는 현상'을 말합니다. 그런데 고등학교의 많은 선생님들은 '적는 자만이 살아 남는다'라고 말합니다. 이 말은 흔히 적지 않고 눈으로만 공부하면 성공할 수 없다는 뜻으로 쓰이기도 합니다.

여기서 말하는 '적는다'는 건 '예쁘게 정리한다'는 뜻이 아닙니다. 이해한 내용을 "내 말로 다시 써 보는 것"입니다. 그게 핵심입니다.

6)스마트폰 사용 시간을 줄이기

'스마트폰 중독'이라는 말이 이제는 낯설지 않습니다. 중독이라는 이름이 아니더라도 스마트폰을 하는 시간과 공부를 하는 시간이 아주 다르게 느껴진다는 것을 여러분들도 경험해 보았을 것입니다.

너무 당연한 말이지만 스마트폰 사용 시간을 줄이는 습관이 중요합니다. 공부 시간이 부족한 게 아니라 사실은 몰입하는 시간이 부족한 것입니다. 흔히들 '순공(순수 공부) 시간'이라고 합니다. 순공 시간을 늘려야 합니다. 책상에 앉아서 책은 펴놓았지만, 스마트폰을 만지작거리고 있었다면, 그 시간은 몰입해서 공부한 시간이 아닙니다.

스마트폰이 공부에 방해가 된다는 것은 누구나 다 아는 사실입니다. 그럼에도 한 번 손을 대면 멈추기 어렵기 때문에 우리의 공부 시간을 갉아먹습니다. 10분만 SNS를 보아야지 하고 시작한 것이 몇 시간이 흐르기도 합니다.

제가 만난 학생 중 성적이 우수하거나, 학교생활이 우수한 학생들은 모두 스마트폰 사용 시간을 줄이기 위해 스스로 노력했습니다. 시험 한 달 전이 되면 자발적으로 스마트폰을 맡아 달라고 찾아오는 학생도 있었습니다. 스스로 통제할 수 있는 사람, 그게 진짜 어른이 되는 과정입니다.

7) 캘린더 작성하는 습관 들이기

학교생활을 충실하게 하는 것, 공부를 체계적으로 하는 것의 시작은 캘린더 작성입니다. 캘린더 작성은 곧 계획성 있는 공부를 의미합니다. 계획 없이 손에 잡히는 대로 했다가는 정기 고사 준비가 늦어지고, 중요한 학교 활동에 참여하지 못하는 일이 발생합니다.

캘린더를 작성하면서 하루의 계획, 한 달의 계획, 한 학기의 계획을 세우는 연습을 해야 합니다. 어떤 공부를 해야 할지, 학교 활동 중 어떤 것에 참여할지, 수행 평가의 글감 준비는 언제부터 할지, 동아리 활동 결과물은 언제까지 낼 것인지 등을 미리 떠올리고 준비할 수 있어야 합니다.

간혹 손으로 캘린더를 쓰는 것이 너무 번거롭고 귀찮다는 학생이 있습니다. 그런 경우 노션이나 구글 캘린더를 활용한다면 효과적으로 일정을 정리하고 수정할 수 있습니다.

8) 잠은 충분히, 식사는 규칙적으로

고등학교 생활에서 가장 중요한 것은 무엇일까요? 공부나 성적이라고 대답할 학생들이 많을 것 같습니다. 그런데 가장 중요한 것은 건강입니다.

그간 만난 학생들 중에서는 더 열심히 공부하고 싶다는 마음은 충분하지만, 체력이 부족해서 더 하지 못하는 학생도 많았습니다. 공부는 체력 위에 세워집니다. 잠을 줄이면 집중력도 줄어듭니다. 몸이 지치면 마음도 예민해지거나 우울해지는 경우가 많습니다. 그리고 마음이 급하다 보면 밤샘 공부를 생각하게 됩니다.

새벽 시간에 공부가 좀 더 잘 된다는 생각에 매번 새벽까지 공부하고 오전 수업을 망치는 학생도 있습니다. 밤샘 공부보다는 충분한 잠이 중요하고, 카페인 음료보다는 균형 잡힌 식사가 효과적입니다.

고등학교 생활은 비유하자면 단거리 달리기가 아니라 긴 마라톤입니다. 잘 자고 잘 먹는 습관이 결국 공부의 체력을 만들어 줍니다.

9)비교하지 말고, 어제의 나와 경쟁하기

공부하면서 가장 힘든 것은 다른 누군가와의 비교라고 생각합니다. 고등학교에 입학하고 나면 상대 평가로 자신의 위치가 전체 중에서 어느 정도인지가 중요합니다. 중학교를 다닐 때에는 중간고사, 기말고사뿐이지만, 고등학교에서는 내신 시험과 함께 학력평가를 실시하니 시험을 여러 번 봅니다. 그리고 그만큼 시험 결과도 자주 나옵니다.

각자의 걸음걸이가 조금씩 다르고, 달리기 속도도 다릅니다. 어떤 목적지를 향해 갈 때, 그 경로도 사람마다 다를 수 있습니다. 마찬가지로 고등학교 생활 또한 각자의 속력과 방향으로 걸어 가는 중이라고 생각합니다.

자신의 속도로 자신의 방향대로 고등학교 생활을 설계하는 것이 중요합니다. 주변의 친구가 아니라 어제의 나보다 성실하게, 어제의 나보다 지혜롭게 공부해야 합니다. 그렇게 생활한 친구들이 발전하고 성공합니다.

공부는 친구를 이기기 위한 싸움이 아니라, 어제의 나를 넘어서는 연습입니다. 고등학교에서의 활동도 마찬가지입니다.

10)쉼표, 행복을 찾는 과정

고등학교 생활에서 수업, 성적을 말하지 않을 수는 없습니다. 그런데 그것이 인생에서 가장 중요한 것이냐, 묻는다면 아니라고 말하고 싶습니다.

인생에서 볼 때 고등학교 생활에서 가장 중요한 것은 행복을 발견하는 것입니다. 그런데 발견할 행복이 없다면? 스스로 만들어야 합니다.

학교생활을 하면서 스스로 우울하다, 불행하다, 느낀다면 더 힘들고 지칠 수밖에 없습니다. 그리고 부모님, 친구들, 선생님에게도 더 예민해질 것입니다. 나중에 돌이켜 보았을 때 소중한 고등학교 시절에 대해 떠오르는 기억이 없거나 부정적인 기억뿐이라면 인생이 너무 슬프지 않을까요?

학교생활에서, 친구들과의 대화에서, 선생님과의 수업에서, 부모님과 함께하는 시간 속에서 행복감을 찾고, 발견하고, 만들어 갈 수 있는 여러분이 되었으면 합니다. 아주 어려운 요구 사항이라는 것은 알지만 한 번쯤은 이 문제에 대해 생각해 보았으면 합니다. 여러분들의 행복을 빕니다.

마침글
교사로서 쓰고, 부모로서 다듬은 기록

책을 쓰면서 옛 생각에 잠기는 시간이 많았습니다. 기억에 남는 학생들의 이름, 밤늦은 시간까지 상담을 하면서 나누었던 대화, 교무실에서 선생님들과 나누었던 대화, 학부모님이 조심스레 건네셨던 질문이 떠올랐기 때문입니다.

이 책은 단순한 입시 안내서가 아니라, 학교의 교실과 교무실, 그리고 학부모 설명회의 현장에서 조용히 쌓아 온 하루하루의 기록입니다. 학교생활이나 입시에 관한 정보는 인터넷에서도 충분히 찾을 수 있습니다. 하지만 제가 굳이 이 이야기들을 하나의 책으로 만든 이유는 실제 학교 현장에서 가장 자주 설명하고, 그러면서도 가장 오해가 많이 생기는 부분이 있기 때문입니다.

교사로서 학생의 성장을 지켜보는 마음과 부모로서 아이의 하루를 걱정하는 마음은 닮아 있습니다. 그 두 마음이 만나는 지점에서 이 책을 썼습니다.

좋은 학교생활은 학생을 이해하려는 교사와 그 과정을 믿어 주는 부모, 그리고 자신을 믿고 한 걸음 나아가는 학생이 서로를 존중할 때 만들어진다고 생각합니다. 이 책이 그 관계의 온도를 조금 더 따뜻하게 하는 작은 불씨가 되기를 바랍니다. 이 책을 읽는 모든 부모님과 자녀가 자신만의 속도로 단단히 성장하길 진심으로 응원합니다.

책장을 덮는 지금도, 저는 여전히 교사로서, 그리고 부모로서 배우고 있습니다. 저에게도 이 책이 배움의 한 조각으로 남기를 바랍니다.

부록
주요 입시 용어 미니사전

- 가군/나군/다군: 정시 모집에서 대학 지원을 구분한 모집 군을 말합니다. 각 군마다 1개 대학 지원이 가능하기 때문에 정시에서는 총 3개 대학을 지원할 수 있습니다.

- 교과 세부능력 및 특기사항(세특): 교사가 관찰한 교과 수업 시간에 학생의 학습 태도, 탐구 활동, 발표 등을 기록하는 항목입니다. '세특'이라고 부르는 경우가 더 많습니다. 학생부 종합전형의 핵심은 '세특'이라 할 수 있습니다.

- 구술면접: 말로 하는 시험. 특정 문제를 출제하여 그에 대한 답변을 통해 확인하는 면접의 형태를 말합니다.

- 기회균등(기균): 기회균등전형은 교육 기회의 불평등을 해소하기 위해 실

시하는 특별전형입니다. 농어촌 학생, 장애인, 차상위계층 등에 대학 입학의 기회를 제공하는 정원 외 특별전형과 각 대학의 독자적 기준에 따른 보상 및 배려 차원의 전형 내 특별전형이 있습니다. 전형 내 특별전형은 학교마다 차이가 있습니다.

- 대교협 '어디가': 한국대학교육협의회가 운영하는 대입 공식 포털(adiga. kr)입니다. 모집 요강, 합격 통계, 전형 안내 등을 제공합니다.

- 대학별고사: 수능 외에 대학이 실시하는 논술·면접 등을 가리킵니다. 참고로 적성고사는 2022학년도부터 폐지되어 현재는 논술과 면접만 운영합니다.

- 등록포기: 대학입학전형에 합격하여 등록하였으나, 다른 대학의 충원합격 통보를 받는 등의 이유로 대학에 등록을 포기하는 의사를 전달하는 절차입니다. 반드시 등록 포기 절차를 진행해야 이중 등록으로 합격이 취소되는 것을 막을 수 있습니다.

- 면접 전형: 학생의 사고력·의사소통 능력·태도를 확인하는 전형 요소입니다. 일부 대학은 제시문 기반 면접을 실시하고 있습니다.

- 모의고사: 수능을 대비해 실시하는 전국 단위 시험입니다. 교육청에서 주관하는 모의고사인 학력평가(3·4·7·10월)와 수능을 출제하는 교육과정평가원에서 주관하는 모의평가(6·9월)가 있습니다.

- 무시험 배정(일반고): 일반고 진학 시 교육지원청이 거주지 기반으로 학생을 추첨·배정하는 방식입니다. 지역에 따라 무시험 배정 방식에는 차이가 있습니다.

- 문·이과 통합 수능: 2028학년도부터 시행되는 수능 체제입니다. 기존 수능이 선택과목에 따른 유불리가 일부 있었습니다. 국어, 수학, 사회·과학 탐구 등 모든 영역에서 선택 과목이 사라집니다. 모든 수험생이 동일한 시험지로 응시하여, 과목 선택에 따른 유불리 문제를 근본적으로 해소하고자 했습니다.

- 반영 비율: 모집 계열이나 모집 단위에 따라 학생부, 서류 평가, 면접, 실기 등 각 전형요소들이 차지하는 비중을 다르게 적용하는 것을 말합니다.

- 비교과: 학교생활기록부를 크게 나눌 때 교과와 비교과로 구분합니다. 교과는 쉽게 말해 과목 성적입니다. 각 교과목의 교육과정을 통해서 얻은 학업성취의 수준을 말합니다. 비교과는 학생들이 교육과정 중에서 경험한 활동 중 성적을 제외한 나머지 모든 활동을 말합니다. 출결부터 동아리 활동, 진로 활동, 봉사활동 등입니다.

- 서류 평가: 대입 전형에서 학교생활기록부를 종합 평가하는 것을 말합니다.

- 수능 최저 학력 기준(수능 최저): 수시 전형에서 요구하는 최소 수능 성적 기준입니다. 기준을 충족하지 못하면 불합격 처리되기 때문에 수능 최저를 충족할 수 있는지를 고민하여 수시 원서 접수를 하게 됩니다.

- 수능(대학수학능력시험): 대학 입학을 위해 치르는 국가 단위 시험입니다. 1994학년도에 처음으로 시작되었습니다.

- 수시 모집: 정시보다 앞서 진행되는 전형으로 학생부교과·학생부종합·논술 등이 포함됩니다. 일반적으로는 수시 모집에서 합격할 경우 정시에서

는 지원이 불가능하기 때문에 수시 모집에서 합격과 불합격을 충분히 고려하여 원서를 쓰게 됩니다.

- 수시 이월: 수시에 합격했지만 등록을 포기해서 정시로 넘어가는 인원을 말합니다. 일반적으로는 수시 모집에 2개 이상 복수로 합격한 학생들이 등록을 포기하거나, 수능 최저학력기준을 맞추지 못한 경우 미등록 충원을 계속 반복하기 어려운 점이 있습니다. 이런 경우 이 인원을 정시 응시자에서 뽑는 것을 말합니다.

- 심층 면접: 지원자의 자질과 역량을 보다 세밀하고 심층적으로 살피는 면접. 통상 인성뿐만 아니라 수학능력, 창의력, 전공 적합성, 자질, 기본 상식 등 심층적으로 평가하는 면접을 말합니다.

- 원서 접수: 입시에 지원하기 위해 대학에 정식으로 지원 서류를 제출하는 과정입니다. 온라인 접수(진학어플라이, 유웨이 등)를 활용하여 원서 접수를 하게 됩니다.

- 입학사정관: 대학에서 학교생활기록, 인성·능력·소질·지도성 및 발전가능성 등 학생의 다양한 특성과 경험을 입학전형 자료로 생산·활용하여 학생을 선발하고, 대입전형 관련 연구·개발 업무를 전담하는 전문가를 말합니다.

- 지역균형선발전형: 수도권과 지방의 교육 격차를 고려하고자 도입된 전형을 말합니다. 학교장추천전형과 유사하게, 고등학교 내에서 선발 과정을 거친 학생들만 지원할 수 있는 전형이기 때문에 지원자들의 내신 성적이 높은 것이 특징입니다.

- 최종합격: 입학전형 절차와 단계에 따라 최종합격한 것을 말합니다. 전형 방법별로 일괄 합산 전형은 별도의 단계를 거치지 않고 전형요소별 반영 점수의 총점에 따라 최종합격자가 선발되며, 단계별 전형은 단계마다 모집인원의 일정 배수를 선발하고, 마지막 단계에서 최종합격자를 선발합니다.

- 충원 합격(추합): 최초 합격자가 등록하지 않아 생긴 결원을 다른 지원자를 충원하여 합격시키는 것을 말합니다. 수시 모집에서 원서 6장을 써서 모두 합격한다면 원서를 잘 쓴 것이라고 할 수 있을까요? 아마 아닐 것입니다. 그런 의미에서 수시 합격의 승리는 추합이라고 보기도 합니다. 추합은 충원 합격 마지막날 저녁 9시까지 이루어집니다.

- 충원율: 합격자가 등록을 하지 않아 결원이 생겼을 때, 해당 대학의 예비합격자를 추가로 등록시키는데 이때의 추가 합격자 비율을 말합니다. 예를 들어 10명을 모집하는 학과에서 충원율이 100%라고 하면 11등부터 20등까지 10명이 추가 합격한다는 의미입니다.

- 컷라인: 특정 대학·학과 합격자의 최저 성적선을 말합니다. 해마다 대학의 모집요강 등이 변하기 때문에 컷라인은 정확성이 다소 떨어집니다. 대략적인 분포선으로 참고할 수 있습니다.

- 탐구 과목: 수능에서 사회·과학·직업탐구 과목 중 선택하여 응시하는 것을 말합니다. 2027학년도 대수능까지는 탐구 과목을 선택할 수 있습니다. 원칙적으로는 2개 과목에 응시하고 일부 대학은 1개 과목을 허용하기도 합니다.

- 특성화고 전형: 직업교육 중심 고교 입학 전형입니다. 서류와 면접이 중심입니다.

- 표준점수: 수능 성적을 점수화한 지표입니다. 시험 난이도 차이를 반영하여 산출하기 때문에 난이도가 다른 시험에서 얻은 실제적인 점수라 할 수 있습니다.

- 표준편차: 평균은 자료를 대표하는 값으로서 성적의 높고 낮음을 판단할 수 있는 자료입니다. 하지만 평균으로는 분포 상태를 확인할 수 없습니다. 표준편차는 분포 상태를 확인하는 데 유용합니다. 2022 개정 교육과정이 적용되는 2025학년도 고1부터는 학교생활기록부에 표준편차가 표시되지 않습니다.

- 학생부종합전형(학종) : 교과 성적, 세특, 비교과 활동 등을 종합적으로 평가하는 전형입니다. 2024학년도부터 교사 추천서와 자기소개서가 폐지되었습니다. 결과적으로는 학생부종합전형에서 학교생활기록부의 비중이 더욱 높아졌습니다.

- 환산 점수: 대학이 내신·수능·비교과 성적을 대학별 방식에 따라 종합 반영해 계산한 점수입니다.

부록
교육 관련 온라인 사이트 리스트

- EBSi 수능강의(www.ebsi.co.kr): EBS에서 제공하는 수능·내신 강의, 교재, 학습자료. 무료 온라인 강의 다수.

- K-MOOC(www.kmooc.kr): 한국형 온라인 공개강좌. 대학 강의를 온라인으로 무료 수강 가능.

- 고입포털(지역 교육청 홈페이지): 시·도교육청마다 별도 운영, 외고·국제고·자사고·특성화고 등 고입 전형 안내와 지원 가능.

- 교육과정평가원(KICE)(www.kice.re.kr): 수능 주관 기관. 모의평가, 기출문제, 채점 결과, 수능 안내 자료 제공.

- 대입정보포털 어디가(www.adiga.kr): 한국대학교육협의회 운영. 대학별 모집 요강, 합격 통계, 전형 일정 제공.

- 대학별 입학처 홈페이지(각 대학 입학처): 모집 요강, 전형 방법, 기출 문제, 전년도 입시 결과 제공.

- 시·도교육청 진학 사이트(각 시·도교육청): 지역별 합격선, 대입 설명회 자료, 진학 상담 정보 제공.

- 진로정보망 커리어넷(www.career.go.kr): 한국직업능력연구원 운영. 진로·직업 정보, 적성검사, 진학 상담 자료 제공.

- 학교알리미(www.schoolinfo.go.kr): 전국 초·중·고교의 학교 현황, 교육과정, 교원 현황, 예산·결산 등 정보 공개.

- 학부모 온누리(https://www.parents.go.kr): 학부모를 대상으로 교육 및 상담, 정보 서비스 제공 등 자녀 교육 역량 강화를 지원

- 한국대학교육협의회(www.kcue.or.kr): 대학 정책, 입시 제도 공지, 보도자료 제공.

- 한국장학재단(www.kosaf.go.kr): 국가장학금, 학자금 대출, 장학제도 안내.

BH 065

중3을 위한 고등학교 사용 설명서
: 고등학교 선택부터 대입 준비까지

초판 1쇄 발행 2026년 4월 1일
초판 2쇄 발행 2026년 4월 15일

지은이 이승우

펴낸이 이승현
디자인 스튜디오 페이지엔

펴낸곳 좋은습관연구소
출판신고 2023년 5월 16일 2025-000257호
주소 서울특별시 마포구 월드컵북로 400, 서울경제진흥원 5층 출판지식창업보육센터 18호

이메일 buildhabits@naver.com
홈페이지 buildhabits.kr

ISBN 979-11-93639-81-8 (13370)

좋은습관연구소에서는 누구의 글이든 한 권의 책으로 정리할 수 있게 도움을 드리고 있습니다. 메일로 문의주세요.